작은 교회 큰 밥상

작은 교회 큰밥상

2015년 1월 5일 · 제1판 1쇄 발행

엮은이 추둘란
펴낸이 안병창
펴낸데 요단출판사
     158-870 서울특별시 영등포구 국회대로 76길 10
기획 02-2643-9155
영업 02-2643-7290~1 Fax 02-2643-1877
등록 1973. 8. 23. 제13-10호

ⓒ 요단출판사 2015

편집기획 이영림
디자인 조완철
일러스트 이옥미
영업 김창윤 정준용 이영은
제작 박태훈

정가 12,000원
ISBN 978-89-350-1550-4 03230

이 책의 저작권은 저자가 소유하고 있습니다.
저자와 출판사의 사전 승인 없이 책의 내용이나 표지 등을 복제, 인용할 수 없습니다.

요단인터넷서점 www.joradanbook.com

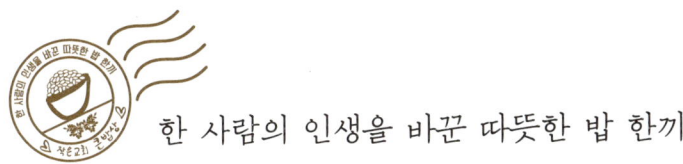

한 사람의 인생을 바꾼 따뜻한 밥 한끼

작은교회 큰밥상

추둘란 엮음

요단

    이 책에 실린 이야기는 제자삼는교회 열여덟 명의 평신도 사역자가 실제로 경험한 것입니다.

    모든 이야기는 주인공의 이름을 밝히지 않았습니다. 은혜를 경험한 사람보다 그 은혜를 주신 하나님이 중요하다고 생각하기 때문입니다. 그리고 일인칭으로 서술했습니다. 좀 더 생생하고 친근한 목소리로 독자들에게 다가가고 싶기 때문입니다.

프롤로그

　이야기를 읽다가 한 영혼이라도 예수님을 만난다면 이 책을 엮은 보람이 있을 것입니다. 더하여, 이 순간에도 하나님 나라를 위하여 기도하고 수고하는 이 땅의 사역자들에게 힘과 용기를 줄 수 있다면 큰 기쁨이 될 것입니다.

　제자삼는교회는 가정교회를 하고 있으며 서울 강서구 방화동에 있습니다.

차례

프롤로그 ·· 4

1. 세상 문화에서 돌아서기
나 같은 사람도 사랑하시나요? ·················· 10
이 밤의 끝을 잡고 놀던 남자 ···················· 24

2. 잘 먹고 잘 살기, 그 함정
잃을 것 잃었으나 버릴 것 버렸으나 ············ 40
나를 나답게 살도록 이끄는 힘, 순종 ············ 54

3. 싱글맘, 웃으며 일어서다
비바람이 앞길을 막아도 ························ 70
이전 것은 지나갔으니 보라 새 것이 되었도다 ······ 84

4. 일터의 가장들
일터에서 만나는 하나님 ······················· 100
연약한 몸이 은혜의 통로가 되어 ··············· 114
말썽꾸러기에게 찾아오신 예수님 ··············· 127

5. 가족을 변화시킨 여인들
나를 세우신 하나님 나를 쓰신 하나님 ······ 142
목녀병은 축복의 병이다 ······ 156
비 오면 비 맞고 눈 오면 눈 맞고 ······ 170

6. 하나님께 자녀 맡기기
땅에서 너는 뭐하다 왔니? ······ 186
내 능력의 끝에서 하나님은 능력을 행하시고 ······ 200

7. 하나님 안에서 찾은 자존감
부엌데기에서 모범 교사가 되기까지 ······ 216
위로받기보다 위로하라 ······ 230

8. 헌신과 은혜
마지못해 한 순종도 어여삐 보신 하나님 ······ 246
핑계대고 고집 부린 시간이 부끄럽습니다 ······ 260

에필로그 ······ 275

한 사람의
인생을 바꾼
따뜻한
밥 한끼

두 남자가 있습니다.
한 때 '이 밤의 끝을 잡고' 놀 만큼 놀았습니다.
술과 담배, 친구와 선후배가 그들의 삶에서 가장 중요했습니다.
그들이 예수님을 만나고 나서
좋은 남편, 좋은 아빠,
헌신적인 평신도 사역자로 변했습니다.
예수님 안에서
두 남자가 파란만장하게 겪어야 했던
조정과 순종의 이야기입니다.

세상 문화에서 돌아서기

나 같은 사람도 사랑하시나요?
이 밤의 끝을 잡고 놀던 남자

나 같은 사람도 사랑하시나요?

나도 안 가고 싶어

버스를 타고 가는 내내 아내와 실랑이를 벌였다.

"왜 가야 해?"

"오래잖아."

"얼굴도 모르는 분들인데."

"나도 불편해. 나도 안 가고 싶어."

버스에서 내렸다. 신월동 신혼집에서 방화동 목자님 집으로 가는 길이었다.

"진짜 가야 돼?"

내키지 않았다. 걸어서 3분이면 도착할 곳인데 주위를 빙빙 돌며 20분을 보내고 있었다.

"별 수 없잖아. 우리 결혼식을 그렇게 아름답게 진행해 주었으니……. 이번 한번만 가고 다음에는 핑계 대고 가지 말자."

아내와 약속을 하고 발걸음을 목자님 집으로 돌렸다. 벨을 눌렀다.

"어서 오세요."

"반가워요. 기다리고 있었어요."

"신랑 신부 두 분, 환영합니다."

문이 열리자마자 목자님과 목녀님, 목장 식구들이 한꺼번에 환영의 인사를 쏟아내었다.

"아, 네. 안녕하세요?"

반겨주시니 인사는 하고 집 안으로 들어섰는데, 그 다음이 문제였다. 아무 말도 떠오르지 않았다. 예상대로 어색하고 서먹했다. 다른 사람들은 식사 차리는 것을 도우니 어색함이라도 덜한데 아내와 나는 무엇을 해야 할지 몰랐다. 바늘방석이 따로 없었다.

때마침 목자님의 두 딸이 우리에게 관심을 보이기 시작했다. 인형같이 귀엽고 예쁜 아이들이었다. 자신들의 방으로 우리를 안내했다. 어린이집에서 배운 율동도 보여주고 자신들의 물건을 보여주며 자랑했다. 아이들과 있으니 어색함이 덜한 것 같았다.

"식사 준비 다 되었어요. 나오세요."

목자님의 집은 정말 좁았다. 밥상을 펴니 옆에 앉은 사람과 꼼짝없이 붙어 있을 수밖에 없었다. 중간에 화장실에 갈 수도 없었다. 내 키가 190센티미터인데, 다리를 펼 수가 없어 어정쩡하게 접고 있었다. 숟가락으로 밥을 뜨는데 밥이 입으로 들어가는지 코로 들어가는지 알 수 없었다. 꾸역꾸역 밥만 먹었다.

"새 신랑, 더 먹어요."

먹는 행동 하나로 어색함을 달래고 있는데 더 먹으라고 하니 먹을 수밖에 없었다. 달리 할 행동이 없었다.

목자님은 말이 없는 성격이었다. 목녀님 혼자 이런 말 저런 말을 하며 이야기를 이끌어 나갔다. 그 어색한 분위기를 어찌 표현해야 좋을지……. 첫 목장모임은 그렇게 끝이 났다.

일주일이 지나 다시 금요일이 되었다. 지난주와 달라진 것이 없었다.

"가야 돼?"

아내의 말도 똑 같았다. 목자님 집에 다다랐다. 인사를 주고받았다. 그리고 이번에도 아이들 방으로 들어가 어색함을 달래었다.

"식사하세요."

밥상에는 얼큰한 찌개가 올라와 있었다. 나는 체질이 좀 특이해서 매운 것을 먹으면 얼굴에만 땀이 비 오듯 흐른다. 여전히 분위기는 어색하고 땀은 줄줄 흘러내렸다. 밥을 다 먹었다.

"오늘은 신랑 신부도 감사고백을 좀 해보세요."

일주일 동안 일 잘한 것 말고 달리 뭐가 감사하다고 고백을 하라는 것인지……. 두 번째 목장모임도 어색함과 불편함 가운데 끝이 났다.

다음 주 금요일이 되니 목자님 집으로 발걸음이 저절로 옮겨졌다. 우습게도 목녀님이 해 주신 밥이 자꾸 생각났다. 정말 맛있었으니까……. 목녀님은 추임새도 기가 막히게 넣었다.

"이 반찬은 새 신랑을 생각하며 특별히 만든 거예요."

목녀님이 그런 말을 덧붙여주면 맛도 좋지만 기분은 더 좋았다. 그 다음 주에는 나름대로 생각해보고 감사고백을 했다. 목장모임이 좋아지고 있었다.

아름다운 결혼식

어려서부터 어머니를 따라 교회를 다니다가, 중학교 시절부터 친구들과 노느라 교회를 나가지 않았다. 그 시절부터 음주가무를 즐겼다. 주말에 마음껏 술 마시고 놀다가 주일에는 실컷 자고 편하게 쉬었다. 어머니가 교회에 같이 가자고 해도 모른 척 하거나 도망가기 바빴다. 마지못해 어머니에게 붙잡혀 교회에 가면 예배만 드리고 후다닥 집으로 돌아왔다.

그런데 무슨 마음에선지 결혼식 주례는 꼭 목사님이 서 주셨으면 하는 바람이 생겼다. 여자 친구도 기독교 집안이어서 당연히 교회에서 결혼하는 것으로 알고 있었다.

믿는 구석은 어머니뿐이었다. 어머니와 함께 목사님을 찾아뵈었다. 뜻밖에도 목사님은 흔쾌히 허락해 주셨다. 우습게도 승낙을 받으니 마음에 기특한 생각이 올라왔다.

'그래. 이제부터 교회에 잘 나가야지. 눈도장도 확실히 찍고……. 목사님께 감사 표현 정도는 하고 살아야지.'

정말 그렇게 하려고 단단히 결심하였다. 그런 내 자신이 대견하기도 했다. 그런데 그것은 결심일 뿐이었다. 다시 술자리에 나가지 않을 수 없었다. 결혼 소식을 알릴 때마다 이사람 저사람 한결같이 술을 권했다. 나를 위한 축하 자리인데 거절할 수가 없었다.

결혼식 날, 목사님의 인도로 결혼 예배가 시작되었다. 교회의 여성중창단이 축가를 불러 주었다. 결혼식을 빛내 주기 위해 예쁜 옷도 맞춰 입었다. 연습을 많이 했는지 화음이 아주 좋았다. 친구들의 결혼식에서 들어본 축가와는 비교도 되지 않았다. 축가를 부르는 중간에 드레스를 입은 아이들이 걸어 나와 신부에게 꽃바구니를 건네주었다. 감동이 밀려왔다. 성도라고 말하기조차 부끄러운 사람을 위해 주일학교 아이들까지 축하해 주리라고는 상상도 못했기 때문이다.

아버지와 동생의 죽음

중학교 시절부터 결혼 전까지 내 생활은 엉망이었다.

"너는 담배도 못하나?"

친구들에게 얕잡히는 게 싫었다. 그들과 어울리려면 비슷하게라도 따라해야 했다. 좋은 고등학교에 갈 리 없었다. 입학하니 친구들의 생활도 나와 비슷했다. 마음만 먹으면 얼마든지 사고를 칠 수 있었고 탈선할 수 있었다. 술·담배, 가출, 본드 흡입, 삥 뜯기, 이성 교제를 하는 친구들 속에 항상 내가 끼여 있었다. 폭력사건도 자주 일어났다.

한번은 피해자의 광대뼈가 주저앉을 정도로 큰 사건이 일어났다. 친구들은 감옥에 갔다. 그런데 희한하게도 나는 아니었다. 항상 그 무리 속에 있었지만 가출을 안 했고 본드 흡입을 하지 않았고 이성교제에 휘말리지 않았다. 그때 어울린 친구들 가운데 몇 명은 지금 나이트클럽의 삐끼를 하거나 밤무대의 디제이를 한다. 그 친구들이 이구동성으로 하는 말이 있다.

"분명히 같이 놀았는데 너는 우리랑 달라. 탈선하지 않은 것을 보면 진짜 특별해."

가까스로 고등학교를 졸업했다. 그리고 지방에 있는 한 대학에서 소방안전관리를 전공하여 무사히 졸업했다.

"아는 술집이 있는데 매니저로 일할래?"

졸업 후 첫 직장으로 술집을 소개받았다. 다른 사람들이 출근하는 아침 아홉 시에 나는 술에 취해 퇴근했다. 어느 날 아침엔가 눈을 떠보니 공원의 국기 게양대였다. 어떻게 해서 그 자리에서 자게 되었는지 기억이 나지 않았다. 20대 초반까지 내 삶은 그렇게 흘러가고 있었다.

그 맘쯤, 동생이 먼저 하늘나라로 갔다. 동생은 '근육 디스트로피'라는 희귀병을 앓았다. 다리가 굽어지고 살이 빠지면서 몸 전체의 근육이 굳어지는 병이었다. 초등학교 3학년까지 학교 다닌 것이 동생이 해본 사회생활의 전부였다. 가끔 목사님이 심방 와서 말씀을 들려주면 동생은 순종하며 받아들였다. 그러던 어느 날, 스물한 살의 짧은 인생을 마감하고 동생은 먼저 하늘나라로 갔다.

동생의 장례를 치르고 나서 석 달 뒤에 갑자기 아버지도 하늘나라로 가셨다. 등이 아파 병원에 가니 췌장암 말기였다. 그 해에는 2월에 동생 장례식을 치르고 5월에 아버지 장례식을 치러야 했다.

아버지와 동생을 하늘나라로 먼저 보내놓고도 내 생활은 크게 달라지지 않았다. 한 달에 하루 이틀 빼고는 거의 매일 술을 마셨다. 그렇게 계속 살았으면 어찌 되었을까. 하나님이 나를 불쌍히 보신 게 틀림없다. 여자 친구가 생긴 것이다.

놓치고 싶지 않은 여자여서 앞날을 생각하지 않을 수 없었다. 직장을 구해야겠다는 생각이 들었다. 경호업체에 이력서를 내고 보디가드로 취직했다. 그리고 마침내 결혼을 했다. 내 마음대로 내 생각대로 거칠 것 없이 살아온 나도 드디어 가정을 꾸리게 되었다. 새 출발을 하게 된 것이다. 공교롭게도 목장모임과 함께…….

주말여행과 동호회 활동

타의 반 자의 반으로 아내와 나는 목장에 정식으로 등록하였다. 그렇지만 마음은 찜찜하였다. 교회에 매이게 된 것 같았다. 동호회 활동이 원인이었다.

그때까지 나는 자동차 동호회와 사회인 야구 활동에 열심을 내고 있었다. 동호회 규모가 꽤 크다보니 만나는 사람들이 다양했다. 탄탄한 인맥을 만들어 가는 것이 너무 좋았다. 술자리도 푸짐했다. 능력을 인정받아 자동차 동호회 서울지역 총무도 맡았다. 총무가 주말 1박 2일 캠핑 일정에서 빠져서야 되겠는가. 목장모임이 마음에 걸렸지만 금요일이면 놀러가고 싶은 생각으로 안달이 났다.

목자님 목녀님에게 죄송한 줄 알면서도 목장모임에 못 나간다고 연락을 했다. 그런데 그럴 때마다 목녀님의 대답이 너무나 친절했다.

"와서 밥만 먹고 가세요. 인사만 하고 떠나세요."

그 친절을 뿌리칠 수 없어서 목장모임에 나가 밥만 먹고 얼른 자리에서 일어났다.

그 즈음, 목사님이 '생명의삶' 공부를 시작한다고 했다. 주일 낮에 삶 공부가 있었는데 내 머리 속에는 동호회 행사로 가득 차 있었다. 억지로 자리에 앉아 있었지만 머리끝까지 화가 나 있었다.

"출석 체크만 하고 가면 출석으로 인정해 준다 했잖아요? 공식적으로 두 번 결석은 허용한다면서요?"

출석 체크만 하고 빠지려는데 목녀님이 막아섰다. 나도 버럭 화를 내었다. 설득하고 만류하는 목녀님의 말은 한쪽 귀로 들어왔다가 한쪽 귀로 흘러나갔다. 짜증나고 화가 치밀어 참을 수가 없었다. 그 순간, 목자님이 굽히지 않고 차분한 말로 나를 타이르기 시작했다. 이상했다. 분명히 화가 나는데 그 말에 따르지 않을 수 없었다. 그리고 다시 자리에 앉았다.

그렇게 세상 문화와 즐거움을 쉽게 끊지 못하는 우리를 보며 목자님과 목녀님은 늘 안타까워하였다. 항상 우리를 위해 기도한다고 말했다. 나중에 알게 된 기도의 내용은 이러하였다.

"주님, 이들이 목장모임과 주일 예배에 집중할 수 있도록 모든 동호회 사람들과 주변의 쓸모없는 인맥들을 끊어주세요."

얼마나 웃기는 기도인가? 참 대단한 기도였다. 그런데 주님은 목자님과 목녀님 편이었다. 그 기도대로 나는 얼마 지나지 않아 모든 모임의 활동을 그만두었다. 좋아하던 술과 담배도 끊었다.

승진의 기회를 버리다

　동호회 활동과 술 담배 문제를 넘어서니 또 하나의 갈등이 기다리고 있었다. 그 때까지 잘 다니고 있던 직장이 문제였다. 그럭저럭 5년의 경력을 쌓고 있었다. 그동안 나는 S 통신사 회장님을 경호하고 있었다. 주 5일제 근무여서 목장모임과 크게 부딪히지 않았다. 그런데 가끔 주일을 못 지키는 상황이 생기기 시작했다. 더욱이 계약 변경 시기가 되자 공교롭게 팀장이 될 수 있는 기회까지 기다리고 있었다. 승진을 앞두니 남들은 부러워하는데, 나는 고민하기 시작했다. 팀장이 되면 주간과 야간, 주중과 주말을 가리지 않고 업무를 맡아야 했다. 주말 야간일을 맡게 되면 수입이 1.5배가 되기 때문에 다른 사람들은 주말 야간일을 찾느라 혈안이 되어 있었다. 하지만 나에게는 목장모임과 주일 예배의 부담이 있었다.

　목자님이 기도해 보라 하였다. 기도를 했다. 그리고 나는 직장을 과감히 그만두었다. 하나님의 뜻에 따라 승진이 아닌 목장모임과 예배를 선택한 것이다. 아내도 반대하지 않았다. 목장모임에 나간 지 1년 반 만에 내게 일어난 큰 변화였다. 그때부터 세상 즐거움을 좇아가던 생활을 정리해 나갔다. 목장모임과 교회생활을 우선순위에 놓기 시작했다.

　어느 날, 목사님이 평신도 세미나에 다녀오라고 하였다. 순종했다. 그리고 3개월 뒤에 목자로 헌신하고 분가했다.

네 명의 목장식구들은 모두 필리핀 여성들이었다. 나중에 한국인 남편들까지 전도할 꿈을 꾸며, 이왕에 목자로 헌신하고 섬기기로 결단한 만큼 열정을 다하겠다는 의지를 다졌다. 목자로 헌신하니, 하나님이 사업의 기회를 주셨다. 방화동에서 조그마한 슈퍼마켓을 인수하였다. 기쁨이 컸다.

그런데 목장목임은 내 열정과 의지만으로 되는 게 아니었다. 여러 가지 문제가 있었지만, 가장 큰 문제는 언어의 장벽이었다. 몇 개월이 흐르자 목장식구 전부가 목장을 떠났다. 목장식구가 없는 목장모임이 목자에게 얼마나 가슴 아픈 일인지 그때에 절실하게 느꼈다.

준비된 영혼

1년이 넘어가고 있었다. 어느 날 목사님이 아내와 나를 불렀다.

"힘들면 잠시 쉬어도 좋아."

그런데 그 말을 듣는 순간, 오기가 생겼다. 버틸 수 있다고 단호히 대답했다.

"목자 목녀 사역을 놓아버리면 다시는 쓰임 받지 못할 것 같습니다. 끝까지 하겠습니다. 목사님이 그만 하라고 말씀하시면 그때는 사역을 내려놓겠지만 우리가 먼저 포기하지는 않겠습니다."

그 약속 때문에 새벽예배에 나아가 더 간절하게 주님께 매달렸다.

"우리 목장에도 방문자를 보내주세요. 새로운 목장식구를 주세요."

그리고 다시 반 년이 흘렀다. 드디어 방문자가 나타났다. 교회의 한 목녀님이 암투병을 하다가 돌아가셨는데 장례식장에서 젊은 커플을 만나게 되었다. 두 사람은 결혼을 앞두고 있었다. 이들은 예전에 제자삼는 교회를 다니다가 어떤 계기로 교회를 떠나 있었다. 마땅한 교회를 찾지 못한 채 이 교회 저 교회에서 겨우 주일 예배만 드리고 있었다. 영적인 목마름으로 힘들어하던 두 사람에게 목장모임에 오라고 권유했다.

어찌 보면 참 아이러니한 만남이었다. 예비신부는 내가 교회에 잘 나가지 않을 때 나를 전도하려던 동생이었다. 어떻게 해서라도 나를 청년부에 나오게 하려고 고민하고 애썼는데 이제는 반대로 내가 그들을 전도하는 입장이 되었다.

그해 11월, 두 사람은 결혼식을 올렸다. 결혼식 날, 신랑 신부를 위하여 나는 도우미 역할을 자청하였다. 새벽 일찍 신랑신부를 청담동의 뷰티샵에 데려다 주고 다시 결혼식장으로 데려왔다. 신부측 축의금을 받고 정산까지 마무리해 주었다. 나의 섬김을 지켜본 신랑 어머니께서 몇 번이나 고맙다고 인사를 하였다.

"고마워요. 혈육보다 더 세심하게 챙겨주니 이 고마움을 어찌 표현해야 할지……."

참 이상했다. 마당쇠처럼 이런저런 일을 거들어주고 있는데도 힘들지 않았다. 마음 같아서는 더 해주고 싶었다. 몸이 하나라 아쉬울 따름이었다. 기쁨으로 섬길 수 있어서 너무 행복했다. 그런데 이런 섬김은 내 안에서 나온 것이 아니었다. 내가 목장식구였을 때 받았던 섬김을 본받아 그대로 행하고 있었던 것이다.

목장식구가 생기니 목장모임의 분위기도 달라졌다. 새로운 VIP를 향한 갈망도 싹트기 시작했다. 결혼 후 어엿하게 새댁이 된 목장식구가 자신의 친구를 전도했다. 아내는 큰애 사무엘을 데리고 병원에 갔다가 사무엘을 귀엽게 본 어떤 애기 엄마를 전도했다. 어느 날, 그 애기엄마가 남편을 데리고 목장모임에 함께 나왔다. 목장모임이 끝나자 그 형제는 이렇게 고백하였다.

"이 모임은 뭔가 다르네요. 술이 있는 것도 아닌데 즐겁고, 서로 챙겨주고 사랑하는 모습이 특별합니다."

목장 사역에 기쁨을 더해 주신 하나님은 한편으로 내게 새로운 일도 주셨다. 인테리어 사업을 시작하게 된 것이다.

"그런즉 너희는 먼저 그의 나라와 그의 의를 구하라. 그리하면 이 모든 것을 너희에게 더하시리라." (마태복음 6:33)

이 일을 시작할 때 내 마음은 크게 설레었다. 단순히 생계를 유지할 수 있다는 기쁨보다, 나중에 교회 증축이나 신축을 하게 될 때 그 일에 하나님이 나를 써 주실 것이라는 확신이 들었다.

사역은 나를 변화시키는 힘

초등학교 1학년 때 우리집 옥상에서 떨어진 적이 있다. 떨어진 자리에 하필 바위가 있었고 머리부터 닿았다. 응급실에 실려 갔고 산소호흡기도 대었다. 그런데 다음날 멀쩡하게 퇴원을 하였다. 타박상도 없었고 외상도 없었다. 바로 밥을 먹었고 일상생활에 아무런 지장이 없었다. 의사 선생님들마저 믿기지 않는 기적이라고 하였다. 어머니는 그 일을 두고 자주 말씀하셨다.

"하나님이 너를 안아 주신 거야. 특별히 보호해 주셨어."

어머니의 말은 천번 만번 옳았다. 목자로 쓰시려고 그날 나를 살려주신 것이다. 그리고 목자로 쓰시려고 어울려 놀던 친구들과 다르게 지켜주신 것이다. 결혼식도, 목자의 수준에 맞게 대우해 주셔서 그렇게 아름답게 진행해 주신 것이다. 세월이 이렇게 많이 흐르고 나서야 나는 그 모든 은혜를 뒤늦게 깨달았다.

'개천에서 용났다'는 표현은 내게 딱 어울린다. 세상에 휩쓸려 마음가는 대로 살았던 내가 평신도 사역자로 살고 있으니……. 하나님 나라의 사역을 아무에게나 맡겨주시겠는가? 하나님이 나 같은 사람을 골라 사역자로 세우셨다는 사실만으로도 오늘 이 순간, 감격스럽다.

이 밤의 끝을 잡고 놀던 남자

이렇게 살려고 결혼했어요?

신접살림을 차렸다. 신기했다. 사랑하는 여자와 단 둘만 산다는 것이 참 좋았다. 아내와 한집에서 밥 먹고 잠 자고……. 그렇게 살면 드라마처럼 계속 행복하기만 할 줄 알았다. 그런데 현실은 그게 아니었다. 결혼 생활은 나 혼자 하는 것이 아니었다. 자신을 위해 아무런 준비도 안 하고 살던 사람이 전혀 다르게 살아온 사람과 평생 지내야 하는 것이 결혼생활이었다.

아내와 마찰이 일기 시작했다. 원인은 나였다. 잠을 신혼집에서 잔다는 것만 빼놓으면, 나머지 생활은 결혼 전과 비교해 달라진 게 없었다. 친구와 술이 문제였다. 결혼을 했지만, 귀가 시간은 새벽별이 뜨는 시간이었다. 집안일은 내 알 바 아니었다. 신혼 초 월급이 150만원이었는데 30만원을 생활비로 떼어주고 그 나머지는 모두 내 용돈으로 썼다.

아내가 대놓고 화를 내기 시작했다. 아내는 대구 사람이고 다혈질 성격이다. 화가 나면 앞뒤 가리지 않고 속에 있는 말을 다 뱉어버린다.

"서울에 아는 사람은 당신뿐인데, 나는 어디 갈 데도 없어요."

"당신이 하숙생이에요? 그럼 나는 뭐에요?"

"이렇게 살려고 나랑 결혼했어요?"

"이건 아니잖아요? 가장이면 책임을 져야지."

"보자보자 하니까 진짜 너무 하네."

아내가 쏟아내는 말이 점점 더 거칠어졌다. 아니, 독하게 변해갔다. 육두문자도 난무했다.

"그래. 미안하다. 앞으로 잘할게."

싸우고 나면 아내에게 잠시 미안했다. 좀 더 잘해줘야겠다고 다짐도 했다. 그러나 그것도 며칠뿐이었다. 술 마실 기회가 생기면 뒤돌아보지 않고 달려 나갔다. 학창시절부터 몸에 밴 생활이라 고칠 엄두도 나지 않았고 고쳐야 한다는 생각도 들지 않았다.

아버지가 알루미늄 새시 공장을 운영했기에 나는 궁핍한 것을 모르고 자랐다. 고등학교 때는 만화가게에서 살다시피 했다. 만화가게에는 만화만 있는 것이 아니었다. 아이들이 간단히 할 수 있는 빠찡꼬가 있었고 천 원만 내면 수위를 넘어선 비디오도 볼 수 있었다. 당구도 즐겼다. 남들처럼 대학에 원서를 내어보았지만 보기 좋게 떨어졌다. 대학은 일찌감치 포기하고 군대에 갔다.

제대 후, 아버지 공장에서 일을 거들었다. 아버지 사업을 이어받으면 되겠다 싶었기에 앞날에 대해 고민하지 않았다. 나의 즐거움은 오로지 친구와 술이었다. 대중가요의 제목처럼 '이 밤의 끝을 잡고' 음주가무를 즐기며 놀았다.

홍대 앞 단골집에서 대여섯 명의 친구들과 거의 매일 술을 마셨다. 그리고 새벽이 밝아오도록 밤거리를 헤매었다. 술을 마시면 객기가 올라와, 지나가는 사람에게 괜히 시비를 걸거나 패싸움을 하였다. 언젠가 친구들과 함께 홍대 재학생 한 명을 때렸다. 얼마나 때렸는지 그이가 병원에 실려 갔다. 벌금을 내었고 그 때 돈으로 500만원의 합의금을 물었다. 그게 젊은 날, 나의 일상이었다. 계획도 없었고 목적도 없었다. 하루하루 친구들과 놀고 즐기는 것, 그것이 전부였다.

할 테면 해봐라

큰애가 태어났다. 아버지가 되었다는 감격으로 잠시 기뻤다. 하지만 칭얼거리고 울기 시작하자 귀찮아졌다. 아이 몸무게가 점점 늘어나, 아내가 혼자 목욕시키기 힘들다고 해도 한 번도 목욕을 시켜준 적이 없었다. 그 시절 큰애를 안고 찍은 사진을 보면 웃음이 절로 나온다. 내 얼굴은 술독이 올라 벌겋고 누가 보아도 아이를 억지로 안고 있는 것이 느껴진다. 아내는 육아로 지쳐갔고 더 힘들어했다.

"윤예 언니 따라 교회에 나가기로 했어요."

어느 날, 아내가 이웃의 언니를 따라 교회에 나가겠다고 말했다. 아내는 학생 때 교회에 다녔다. 결혼하고 나서 못 다니고 있었던 것이다. 아내를 말리지 않았다. 시간이 흐르니 우리 집을 찾는 여자들이 점점 더 늘었다. 교회의 식구들이었다. 그것도 내버려 두었다.

"당신도 교회에 나갈래요?"

어느 날, 아내가 교회에 함께 다니자고 말했다. 그때까지 신이라는 존재가 있느냐 없느냐에 대해 고민 해본 적도 없고 관심도 없었다. 아내의 권유에 콧방귀만 뀌었다.

부부싸움은 여전했다. 그즈음 아내는 부부싸움을 하면 가방을 싸서 친정으로 가버렸다. 기약도 없이 친정에 있었다.

'할 테면 해봐라.'

처가에 전화도 하지 않았다. 전화를 한 사람은 내가 아니라 교회 식구들이었다. 그들의 성화에 못 이겨 아내는 집으로 돌아왔다. 하지만 며칠 잠잠하다가 다시 부부싸움이 시작되었다.

그런 식이었다. 싸움은 우리 두 사람이 하는데 마음 고생은 교회 식구들이 했다. 웬만한 사람이면 부끄러워서라도 싸움을 멈출 텐데, 우리의 싸움은 끝이 없었다.

여전히 원인은 나였다. 아내는 교회를 다니며 노력을 하는데, 나는 그렇지 못했다.

"애가 열이 나요. 집에 들어오는 길에 해열제 좀 사와요."

"기저귀 다 떨어졌는데, 좀 사와요."

술을 마시다 보면 아내가 내게 뭘 부탁했는지 생각이 나지 않았다. 아내의 안타까움이나 어려움은 아내 몫이었지 내 것이 아니었다.

교회 밥

아내는 기회가 있을 때마다 교회에 가자고 졸라대었다. 나는 꿈쩍도 하지 않았다. 그렇게 1년이 지났다. 얄팍한 계산을 해보았다.

'나가 볼까? 아내의 소원을 들어주면, 필요할 때 아내에게 내 소원도 들어달라고 할 수 있겠지?'

먼저 한 발짝 물러서 주고 아내에게 그 보상을 요구할 참이었다. 그래서 한 달에 한번 교회에 나가겠다고 약속했다.

제자삼는교회에 첫 발걸음을 내디뎠다. 아니나 다를까. 나하고는 전혀 안 맞았다. 찬양은 신나고 들을 만했다. 하지만 설교말씀은 무슨 내용인지 알아들을 수 없었다. 팔짱을 낀 채 의자에 비스듬히 기댄 자세로 설교말씀을 들었다. 귀 기울여 듣고 싶어도 들을 수가 없었다. 전날에 놀만큼 놀다가 새벽에 들어왔으니 설교가 시작되면 몇 분이 안 되어 졸음이 쏟아졌다.

어느 날, 예배가 끝나고 식당에서 식사를 했다. 그 전에도 몇 번 식사를 했는데 그날따라 밥이 더 맛있었다. 아내한테 말했다.

"교회 밥이 참 맛있네."

물론 밥도 맛있었다. 하지만 밥을 먹으며 교회 식구들이 내게 관심을 가져주고 말을 걸어오니 내가 굉장히 중요한 사람인 것 같았다.

그즈음 제자삼는교회는 셀모임을 하고 있었다. 금요일만 되면 내가 엉뚱한 데로 샐까봐 퇴근시간에 맞춰 셀모임 멤버들이 나를 데리러 왔다. 그리고 교회의 크고 작은 일에 참여하도록 빠짐없이 챙겨주었다. 셀모임 멤버들의 도움과 격려 덕분으로 교회 식구들과 함께 있는 시간이 즐거워지기 시작했다.

교회에 등록한 지 여섯 달 만에 세례를 받았다. 아내가 많이 행복해했다. 아니, 아내보다 교회 식구들이 더 행복해했다. 우리 가정을 위해 기도하고 섬긴 교회 식구들의 얼굴이 그날따라 활짝 피는 것 같았다.

아이를 안아준 목사님

어느 날, 목사님이 가정교회로 전환한다고 선언하였다. 아내와 나도 목장을 선택했고 매주 금요일 목장모임에 나가기 시작했다.

우리 가정은 그 즈음 사정이 좋지 않았다. 아버지 사업이 흔들리기 시작했다. 나는 다른 일을 찾아야 했다. 경제적으로 어려우니 부부 싸움이 더 잦았다. 목장모임에서 부부싸움 이야기를 숨김없이 쏟아놓았다. 그런데 두 사람이 아무리 노력해도 풀리지 않던 문제가 목장식구들이 경청해주면 바로 해결되는 것 같았다. 목장모임에 나가는 횟수가 늘어날수록 아내와 싸우는 횟수가 차츰 줄어들었다.

작은애가 태어났다. 목사님이 이름을 지어 주었다.

"가은이라 지었어요. 더할 가加에 은혜 은恩, '은혜 위에 은혜를 더하라' 는 뜻입니다."

딸의 이름 그대로, 우리 가정에 시나브로 은혜가 더해지기 시작했다.

목장모임에 꾸준히 출석했고 예배도 빠지지 않고 드렸다. 그 즈음 목사님과 교회 식구들이 나를 보며 칭찬을 많이 해주었다. 마치 미리 짠 것처럼 예배 시간이나 모임 시간에 내 이름을 많이 드러내어 주었다. 목사님의 '작전' 일지도 모른다는 생각을 얼핏 했다. 그 '작전' 에 휘말리고 있다는 것도 눈치 챘다. 그런데 싫지 않았다.

어느 날, 교회에서 내게 일을 맡겼다. 사택의 창틀 새시를 새로 교체하는 일이었다. 이틀 남짓 사택을 드나들었다. 아내도 궁금했는지 작은애를 업고 와서 들여다보았다.

"여보. 사택 일이니까 더 꼼꼼하게 해야 해요."

아내의 부탁이 아니더라도 그렇게 할 생각이었다. 한참 일을 하다가 어느 순간, 목사님을 힐끗 쳐다보았다. 목사님이 작은애를 안고 있었다. 그런데 좀 충격을 받았다. 아이를 안고 있는 모습이 너무나 자연스러웠다. 뭔지 모를 따뜻함이 풍겨 나왔다. 아빠인 나보다도 더 사랑스러운 손길로 아이를 안고 있었다.

솔직히 나는 목사라는 직업을 가진 사람들에 대해 그리 좋은 이미지를 갖고 있지 않았다. 아내와 결혼하기 전, 대구에서 아내가 다니던 교회의 목사님을 잠깐 뵌 적이 있다. 무슨 집회를 했는데, 안수 기도를 받는 사람들마다 뒤로 자빠지는 것이었다. 그 분위기가 굉장히 불쾌했다. 그래서 세상의 목사님들은 다 그렇게 이상한 사람들인 줄 알았다. 그런데 제자삼는교회 목사님이 아이를 안고 있는 모습을 보니, 좀 다른 목사님일 수도 있겠다는 생각이 들었다.

믿음과 의리

어느 날, 목사님이 아내와 나를 불렀다. 왜 부르는지 알만 했다. 순종은 했지만 솔직히 자신은 없었다. 가정교회로 전환하고 얼마되지 않았을 때, 견고한 믿음으로 세워졌다고 자타가 공인했던 몇몇 목자 목녀들이 사역을 하다 말고 어느 날 갑자기 교회를 떠났기 때문이다. 그 모습을 보았기에 내가 잘해낼 수 있을 것이라는 자신감이 크지 않았다.

때마침 부흥회가 있었다. 초청 강사 목사님의 말씀이 귀에 들어왔다.

"믿음이 약하면 의리라도 있어야 한다."

의리라는 단어가 마음에 콕 박혔다. 목자라는 직분이 내 몸에 맞을 때까지 의리 하나로 버텨야겠다고 결심했다.

목자 서약을 하고 분가를 했다. 분가 후, 목사님은 영적으로 어린아이나 다름없는 우리 부부를 위해 일대일 제자 양육훈련을 16주 동안 따로 해 주었다. 매주 우리집에 와서 두 시간씩 가르쳐 주었다. 특혜였다. 예수님을 바르게 믿도록 양육과 지원을 아끼지 않은 목사님의 헌신은 지금 생각해도 눈물이 날 정도로 감사하다.

애초에 결심한대로 모든 것이 잘 흘러가면 얼마나 좋았을까. 그런데 상황은 그렇지 않았다. 문제는 내게 있었다. 나는 주변 상황을 이겨낼 만큼 의지가 굳은 사람이 아니다. 목장모임을 하고 있으면 꼭 친구들한테서 전화가 왔다. 그 유혹을 뿌리치기가 얼마나 힘들던지……. 매번 부르는데 어떻게 매번 안 나갈 수 있겠는가? 친구들 모임에 두 번 빠지면 한번은 나가주는 것으로 예의를 차렸다.

넉 달이 흘렀다. 목장에 위기가 찾아 왔다. 목장 식구들보다 나와 아내가 먼저 마음의 문을 닫고 있었다. 목장모임이 즐거울 리 없었다. 가장 불편했던 것은, 내가 성령으로 충만하지 않은데 목장식구들 앞에서 그것을 나타낼 수도, 안 나타낼 수도 없는 것이었다.

목사님과 상의하여 목장식구들을 분가 전의 목장으로 다 보내어드렸다. 아내와 둘만 남았다. 차라리 홀가분했다. 새로이 출발하겠다는 의지도 다졌다. 그런데 그것도 마음처럼 되지 않았다.

"목자 사역을 그만두어야겠습니다."

얼마 버티지 못하고 우리는 사역을 내려놓았다. 한동안 교회를 떠나고 싶은 마음도 들었다. 그러나 의리를 생각했기에 자숙의 시간으로 받아들였다.

그 시간에 나의 부족함이 조금씩 보이기 시작했다. 하나님의 뜻과 인도하심에 순종하는 대신 나의 의를 앞세웠던 것이 보였다. 그리고 내 안에 믿음과 확신이 없었던 것도 보였다. 사역을 하나님이 주셨다는 것을 확신하지 못했던 것도 깨달았다.

아내와 나는 다른 목장의 목장식구로 다시 편입되었다. 처음에는 많이 힘들고 불편했으나 그 목장의 목자님, 목녀님이 잘 섬겨 주어서 우리는 새 힘을 얻을 수 있었다.

다시 넉 달이 흘렀다. 목사님이 아내와 나를 불렀다.

"목자 목녀로 한 번 더 헌신하세요."

"순종하겠습니다."

달리 할 말도 없었다. 내가 무엇이라고, 제대로 감당치 못했던 사역을 다시 주겠다는데 거절할 수 있단 말인가?

독수리처럼

드디어 새 목장이 세워졌다. 지난번처럼 목장식구들을 향한 어색함과 불편함이 잠시 찾아들었다. 하지만 같은 문제에 대처하는 나의 자세가 달랐다. 하나님께 받은 은혜를 먼저 생각했다. 그리고 불편이 마음에 더 차오르지 못하도록 곧바로 떨쳐내어 버렸다. 사소한 것 때문에 큰 은혜를 놓치는 실수를 되풀이하고 싶지 않았다.

목자 헌신 후, 예배의 스크린 사역을 맡았다. 1부 예배와 2부 예배, 두 번 사역해야 하니 설교도 두 번 들어야 했다. 똑같은 설교인데 1부 예배 때 놓쳤던 부분이 2부 예배 때 새롭게 들렸다. 말씀을 메모하였다가 목장모임에서 전하니 은혜가 컸다. 말씀에 대한 지식이 없어서 목장식구들에게 위신이 서지 않았던 나의 약점을 하나님이 그렇게 고쳐 주셨다.

"오직 여호와를 앙망하는 자는 새 힘을 얻으리니 독수리가 날개 치며 올라감 같을 것이요, 달음박질하여도 곤비하지 아니하겠고 걸어가도 피곤하지 아니하리로다." (이사야 40:31)

이 말씀이 영적인 힘만 이야기하는 줄 알았다. 그런데 새벽기도를 하니 육체에도 그와 같은 힘을 부어주신다는 것을 알았다. 새벽기도를 다녀와 이부자리에 다시 들어가지 않아도 낮에 움직이고 일하는 데 무리가 없었다. 목사님이 세 시간씩 새벽기도를 해도 다시 주무시지 않는다는 말이 거짓이 아니라는 것을 알았다.

"힘들고 어려우면 내려놓아라. 행복하지 않은데 사역을 붙잡고 있으면 목자 목녀를 따르는 목장식구들이 불쌍하다. 그들이 하나님을 바로 알지 못한다."

목사님의 말씀에 정신이 번쩍 들었다. 목장식구들이 새벽마다 나를 보고 있다는 생각을 하니 바짝 긴장되었다. 받은 은혜가 얼마나 많은데, 새벽기도의 자리를 놓치겠는가?

"우리 목장을 세우신 분은 하나님이십니다. 책임지세요."

새벽마다 부르짖었다. 그런데 기도의 응답으로 하나님은 목장식구들이 아닌, 나를 더 다루기 시작하셨다. 목자로서의 면모를 갖추도록 더 깊이 간섭해 주신 것이다. 그 때까지 해결하지 못하고 있던 친구 관계부터 정리해 주셨다.

그 즈음, 나는 새로운 사업에 몰두해 있었다. 한 친구가 도시가스온압보정기라는 기계를 보여주면서 사업제안을 해왔다. 의기투합하여 함께 사무실을 빌렸다. 그렇잖아도 모이기 좋아하던 친구들이라, 사무실은 친구들의 사랑방이자 놀이터가 되어버렸다. 늘 술이 있었고 담배 연기가 자욱했다. 나는 그때까지 술 담배를 끊지 못하고 있었다.

그런데 하나님의 방법은 참 희한했다. 사무실을 재계약해야 하는 때에, 동업하던 친구가 사업이 예상했던 만큼 비전이 있지 않다며 사무실 재계약을 포기해버렸다. 그 길로 친구와 나는 동업관계를 청산했고 친구는 자기 길로 가버렸다. 하지만 나는 일을 포기할 수 없었다. 집에 팩스 한 대를 갖다 놓고 프리랜서로 일하기 시작했다. 사무실이 없어졌고 친구가 끊어졌다. 술과 담배도 모두 끊었다. 금단 현상도 없었다.

술 담배를 끊고, 새벽기도에 힘쓰며 목장식구들을 돌아보게 된 것, 그것이 바로 하나님이 나를 다루신 증거였다. 목장이 부흥되기 위해서 나부터 준비되어야 했던 것이다.

허그식 1호의 삶

목자가 되기 전 내 인생에는 소망이 없었다. 세상 친구들과 어울려 살았을 때는 외형의 것만 보았다. 그래서 사회적으로 성공한 친구들이 부러웠다. 좋은 집, 좋은 차가 아니어도 남들처럼 평범한 집, 평범한 차조차 마련하지 못하고 사는 내가 몹시 초라하였다.

그런데 지금은 마음의 여유가 생겼다. 경제적으로 더 윤택해진 것은 아니다. 사회적으로 성공한 것도 아니다. 돈의 많고 적음을 떠나, 내 영혼이 부요하니 외형의 것은 이제 사소한 것으로 보인다. 그리고 목장식구들, 교회 식구들과 어울리니 만날 때마다 영적인 에너지를 공급받는다. 그것이 세상을 이기는 힘으로 내 안에서 작용하고 있다.

더 이상 부부싸움도 하지 않는다. 의견 충돌이야 있지만 예전에 비하면 부부싸움이라고 할 수조차 없을 정도로 금방 화해를 한다. 아내가 그토록 바랐던 대로, 아이들도 잘 챙긴다. 요즘 교회식구들은 나를 '딸바보'라 부른다.

"그런즉 누구든지 그리스도 안에 있으면 새로운 피조물이라. 이전 것은 지나갔으니 보라 새 것이 되었도다." (고린도후서 5:17)

제자삼는교회에는 허그식이 있다. 제자삼는교회에 와서 예수 영접하고 세례 받고, 생명의삶 공부와 세례후공부를 마친 사람에게 목장식구들이 꽃다발을 건네주고 서로 안아준다. 제자삼는교회 허그식 1호가 나이다. 1호라고 해서 특권이 있는 것은 아니다. 하지만 변화된 내 삶을 보고 어느 누군가가 하나님이 내려주실 축복을 소망하게 된다면 내 역할을 잘 감당했다고 할 수 있을 것이다. 오늘도 그런 마음으로 주위에 VIP로 삼을 영혼이 있는지 돌아보고 있다.

한 사람의
인생을 바꾼
따뜻한
밥 한끼

잘 먹고 잘 사는 것, 부자 되는 것.
이 시대에 많은 사람들이 바라는 소망입니다.
한 가장도 그랬습니다.
하지만 세상은 만만하지 않았습니다.
파산하였고 자살까지 생각했습니다.
그런데 예수님과 사랑에 빠지니
잘 먹고 잘 사는 일보다 더 중요한,
삶의 본질을 찾게 되었습니다.
파산자에서 평신도 사역자가 된 한 가장의 이야기입니다.
그의 아내 이야기입니다.

잘 먹고 잘 살기, 그 함정

잃을 것 잃었으나 버릴 것 버렸으나

나를 나답게 살도록 이끄는 힘, 순종

잃을 것 잃었으나 버릴 것 버렸으나

파산하다

만나자마자 그는 내 몸부터 더듬었다. 그럴 만 했다. 내 쪽에서 먼저 만나자고 할 이유가 전혀 없었으니까. 위험한 도구가 없다는 것을 확인하자 주먹이 날아왔다. 아무 저항 없이 맞았다. 주먹이 또 날아왔다. 정신이 얼얼했다. 주먹질은 쉽게 멎지 않았다.

맞는 것밖에 달리 방법이 없었다. 맞다가 죽는다 해도 할 말이 없었다. 땅바닥을 기라면 길 것이요, 핥아라 해도 그대로 할 판이었다. 어떻게든 담판을 지어야했다. 그렇지 않으면 가족이 당할 협박과 정신적 고통이 너무 컸다.

때릴 만큼 때렸을까. 주먹질이 멎었다. 내가 먼저 입을 열었다.

"남자로서 부탁한다. 이제 가족에게 전화 하지마라. 더 이상 물러날 데도 없다. 해 줄 것도 없다. 여기서 뭔가 더 요구하면 나는 그냥 죽겠다."

거짓말이 아니었다. 태백의 어머니 산소에 남몰래 올라간 것도 자살을 생각했기 때문이다. 그때 아내와 딸의 얼굴이 떠오르지 않았다면 나는 이 세상 사람이 아니었을 것이다.

"야. 어쩌다 너를 만나게 되어 내 신세가 이 꼴이 되었는지 모르겠다. 너 때문에 손해가 이만저만이 아냐."

맞는 말이었다. 그도 나 만큼이나 하고 싶은 말이 많았을 것이다. 잠시 정적이 흘렀다.

"이쯤에서 내가 포기하마. 잘 살아라. 퉤."

마지막 한마디를 남기고 그는 사라졌다. 한줄기 찬바람이 스쳤다. 몸은 만신창이가 되어 있었다. 그래도 마음은 홀가분했다. 1억 원의 빚은 갚지 못했지만, 조직폭력배 녀석의 전화협박에 더 이상 시달리지 않아도 된 것이다.

산 입에 거미줄 칠 수는 없었다. 곧바로 곤지암에 있는 부엌가구 회사에 취직했다. 처가에 도피해 있는 아내와 딸을 데리고 오려면 한 푼이라도 벌어야 했다. 그러나 며칠 되지 않아 그 직장도 그만두었다. 어떻게 알았는지 빚쟁이들이 몰려오기 시작했다. 파산면책 신청. 마지막 선택은 그것뿐이었다.

하루하루 시간만 흘렀다. 돌이켜 보면, 지난 칠 년의 시간이 꿈같았다. 파산한 것도 꿈이면 얼마나 좋으랴. 하지만 엄연한 현실이었다.

20여 년 전, 부엌가구 업계는 그야말로 호황이었다. 매형이 하던 사업장이 승승장구하고 있었고 큰형도 매형의 도움으로 사업장을 내었는데 역시 잘 되었다. 큰형은 사업장을 두 개로 분리하여 하나를 내게 주고 싶어 했다.

일산에서 사업장을 열었다. 내 사업도 잘 풀려 나갔다. 탄탄대로였다. 1백만 원은 돈으로 보이지 않았다. 아내에게 뭉칫돈을 던져 주었다. 정해진 금액을 생활비로 꼬박꼬박 줄 이유가 없었다. 필요하다고 하면, 수금한 돈에서 잡히는 만큼 빼내어 주었다. 서른 초반에 이만하면 성공했다고 자부하고 있었다.

하지만 아내는 행복하다고 말하지 않았다. 아내의 불만을 모르는 바 아니었다. 영업을 핑계로 사람 만나고 술 먹고 노래방 다니는 게 나의 일과였는데 아내는 그런 생활을 좋아하지 않았다.

"남들도 다 그렇게 살아. 먹고 살고, 성공하자면 하는 수 없지."

아내와 나의 다툼은 점점 더 빈번해지고 있었다.

어느 날, 드디어 대박이 터질 조짐이 보였다. 고급빌라에 대량 납품할 수 있는 큰 계약이 성사되었다. 빚을 내어 파주에 200평짜리 공장을 지었다. 잠시 어려운 것만 이겨내면 모든 일이 잘 풀릴 것이라 믿어 의심치 않았다. 그런데 대수롭지 않게 생각한 빚이 화근이었다. 하루에 2천만 원, 3천만 원의 돈이 부족했다. 그때마다 처형들이 도와주어 급한 위기를 넘겼다. 그러나 세상은 그렇게 호락호락하지 않았다.

"아차!" 하고 깨달을 틈도 없이 빚쟁이들이 들이닥쳤다. 부도였다. 며칠 뒤 살림살이를 대충 처분하고, 빚쟁이들을 피해 처가로 피했다. 그 두려움과 절망……. 작은애를 임신한 아내와 여섯 살짜리 큰딸과 함께 야반도주하던 그 밤을 어찌 잊을 수 있으랴.

아내와 딸을 처가에 두고 나는 서울로 올라와 숨어 지냈다. 그런데 빚쟁이들은 어찌 그리도 나를 잘 찾아내는지……. 사람이 얼마나 무서운 존재인지 그때 처음 알았다. 조직폭력배 녀석의 협박은 상상을 초월했다. 오죽했으면 맞아 죽으려고 먼저 만나자고 했을까.

이제 다시는 교회 안 간다

파산면책 허가가 떨어졌다. 김포의 큰형네에 얹혀살면서 눈칫밥을 먹어야 했다. 아내와 딸을 만나기 위해 주말마다 처가에 들르는 것이 유일한 낙이었다.

"교회 한번 오세요."

어느 날, 큰형이 다니는 교회의 집사님들이 심방을 왔다. 그이들이 지나가는 말로 교회에 나오라고 권유했다. 그리고 주일이 되었다. 조카들이 가자고 채근했다. 못이기는 척 따라나섰다. 그리고 그 다음 주부터 꼬박꼬박 주일 예배를 드렸다.

겨울이 다가오고 아내의 출산 날짜도 점점 다가왔다. 장모님이 딱해 보였는지 돈을 마련해주었다. 방화동에 방 두 칸짜리 월셋집을 얻었다. 아내와 큰딸이 올라오고 작은딸도 태어났다. 가족의 이름으로 여섯 달 만에 한 지붕 아래에 살게 되었다. 형편은 어려웠지만 그렇게 새 출발하는 마음으로 다시 삶을 꾸려나갔다.

아내와 아이들도 교회에 함께 나갔다. 목사님이 나를 좋게 보았는지, 학생들과 청년들을 모아 축구팀을 이끌어 보라고 하였다. 믿음이 뭔지는 몰랐지만 운동이 재미있어서 교회에 꾸준히 다녔다.

그러던 어느 날, 교회 안에 큰 분란이 일어났다. 안수집사와 새 장로님 사이에 갈등이 생겨 교회 분위기가 어수선해졌다. 나는 나대로 이런저런 이유로 교회에 나가는 것이 꺼려졌다. 그렇게 교회를 떠났다.

헤어져 지내던 가족이 다시 뭉쳐 새 출발을 했으니 똑같은 실수를 저지르고 싶지 않았다. 하지만, 그것도 마음 같지 않았다. 부부싸움이 줄어들기는커녕 더 잦아졌다. 당구와 술이 원인이었다. 동료들과 어울리자니 어쩔 수 없었다. 부엌가구 영업은 소위 말하는 3D 업종이다. 일은 힘들고 수입은 들쑥날쑥하니 안정적으로 가정을 꾸리는 사람이 별로 없다. 동료들끼리 술 먹고 놀며 스트레스를 풀다 보니, 가정에는 소홀할 수밖에 없었다.

다시 교회에 나가면 괜찮아질 것 같은 생각이 들었다. 그래서 주위에 있는 교회를 나가 보았다. 큰 교회도 가보고 작은 교회도 가보았다. 그러나 내 눈에는 교회도 세속화되어 세상과 크게 달라 보이지 않았다. 교회에 대한 실망만 커지다 보니 선언 아닌 선언을 하였다.

"이제 다시는 교회 안 간다."

촌스러운 주보

세월은 무심히 흘렀다. 작은딸이 아장아장 걸을 무렵, 앞집 아이 나리와 잘 지냈다.

어느 금요일, 아내가 뜬금없이 말했다.

"나리네가 저녁을 먹으러 오래요."

마침 그 주 금요일에 무슨 조화인지 일이 일찍 끝났다. 이웃집에 가서 저녁 먹는 일이니 크게 망설이지 않고 따라나섰다. 안내를 받아 간 곳은 나리네 집이 아니고 다른 사람의 집이었다. 모임 내내 교회 얘기는 안했지만 눈치가 빤했다. 조금 어색하긴 했다. 하지만 음식도 맛있고 새로운 이웃을 알게 된 반가움에 열한 시가 넘도록 얘기하다가 돌아왔다.

주일이 되니, 아내가 말했다.

"교회도 오라고 했잖아요? 오늘 가보는 게 어때요?"

따라 나섰다. 오랜만에 드리는 예배였다. 주보를 건네받았다. 그런데 주보를 보자마자 피식 웃음이 나왔다. 이해하기 어려울 정도로 촌스러웠다. 여러 교회를 방문해보았지만, 가정용 프린터로 인쇄한 주보는 처음이었다. 목사님의 설교는 더 가관이었다.

"교회가 마음에 안 들면 행복하지 못하니 이 교회를 떠나 얼마든지 다른 교회로 가라."

거침이 없었다. 다른 교회에 다니는 성도라 할지라도 어떻게든 자기 교회에 등록시키려는 목사님을 많이 보았기에 배짱 좋은 목사님의 말씀은 충격으로 다가왔다. 가정교회라는 말도 이상하였다. 다음 주에 오지 않으리라 마음먹었다. 그리고 아내에게 말했다.

"아무래도 이상해. 이단일 수 있으니 뒷조사라도 좀 해 봐."

그런데 그 다음 주에 무슨 힘에 이끌렸는지 다시 교회에 나갔다. 그제야 지난주에 보지 못했던 것들이 눈에 들어왔다. 여느 교회와 다른 점이 많았다. 목사님이나 직분자들에게 권위적인 모습이 없었다. 주보가 화려하지 않았지만 진실한 내용으로 채워져 있었다. 설교도 쉬웠다.

바로 그 설교 때문에 매주 주일이 기다려졌다. 말씀이 귀에 들리고 마음에 남으니 주일마다 말씀을 놓칠세라, 예배를 집중하여 드리지 않을 수 없었다.

도쿄에서 간증하다

'세상에 내게 이런 일이…. 어쩌면 이리도 만화 같단 말인가.'

비행기가 이륙하고 있었다. 일본 도쿄행 비행기였다. 우리 일행은 비즈니스석에 앉아 있었다. 4박 5일 일정으로 도쿄 에덴교회에 간증하러 가는 길이었다. 분명히 예약한 자리는 이코노미석이었다. 그런데 항공회사의 업무 착오로 그 자리에 앉을 수밖에 없었다.

다른 교회에 간증을 하러 가는 것도 기쁜 일인데, 일본 도쿄라니……. 해외로 가는 비행기를 처음 타보는데, 더욱이 비즈니스석이라니……. 하나님의 배려에 자꾸만 웃음이 나왔다.

나 같은 평신도에게, 그것도 세례 받은 지 1년도 안된 사람에게 누가 이런 기회를 주랴. 제자삼는교회의 목자이기 때문에 누리는 축복이었다. 몸도 구름 속을 날고 있고 마음도 구름 속을 날고 있었다. 눈을 감은 채, 지난 1년 동안 일어난 일들을 되짚어보았다.

목장과 교회에 나간 지 얼마 되지 않아 세례를 받았다. 세례 간증을 해야 한다고 했다. 남 앞에 서는 일에 자신도 없거니와 한 번도 해 본 적이 없기에 난감했다. 나를 잘 아는 아내가 더 크게 걱정을 했다. 그런데 성령님의 도우심이란 게 이런 것일까. 그날 나는 교회 식구들을 웃게도 하고 울게도 만들면서 간증을 하였다.

거기서 끝나지 않았다. 목사님이 나를 불렀다.

"간증 한 번 더 하시죠. 이번에는 영등포제일교회입니다."

영등포제일교회라면 한국 교회사에서 큰 역할을 담당한 전통 있는 교회가 아닌가. 이제 막 세례 받은 나를 간증자로 세우다니 기쁘기도 하고 놀랍기도 하였다. 학창시절 한 번도 주목받지 못했고 군대에서 내무반장 한 것이 내로라하는 경력의 전부였던 나를, 목자로 헌신했다는 한 가지 이유로 제자삼는교회는 그렇게 세워주었다.

원고를 준비했다. 그런데 마음 한구석이 불편했다. 그렇게 큰 교회 강단에 서 있을 내 자신을 그려 보니, 부끄러운 모습이 한두 가지가 아니었다. 술 담배도 끊지 못한 사람이, 어찌 여러 성도들 앞에 서서 자랑스럽게 간증을 한단 말인가. 그러나 생각은 그랬지만, 갑자기 술 담배를 끊으려니 그것도 쉽지 않았다.

며칠 뒤, 희한한 일이 일어났다. 갑자기 숨을 못 쉴 정도로 심장에 큰 고통이 밀려왔다. 응급실로 실려 갔다.

"절대로 담배 피우지 마세요."

의사의 처방이었다. 응급실을 나오며 웃었다. 하나님이 주시는 싸인이라는 것을 알았다. 그 일로 술과 담배를 깨끗이 끊었다. 내 간증을 영광스럽게 받기 위한 하나님의 깜짝 선물이라는 것을 확신했다.

원고를 고치고 또 고쳤다. 가족 앞에서 연습하고 또 연습했다. 그리고 영등포제일교회에서 무사히 간증을 마쳤다. 그 날 그 순간 내 마음을 밝혀주신 하나님의 은혜를 어찌 잊겠는가. 그 특별한 경험으로 하나님과 교회에 대한 믿음은 더욱 견고해졌다.

그즈음 내 마음은 하나님과 예수님 생각뿐이었다. 숨 쉬는 순간마다 하나님과 예수님을 생각했다. 마치 사랑에 빠진 사람이 하루 종일 연인을 그리워하고 생각하는 것처럼…….

어찌 보면 사랑은 미치는 것이다. 사랑에 빠져 상대에게 미치게 되면, 남이 보기에 이해가 안 되는 행동도 아무렇지 않게 한다. 내가 그랬다. 직장에서 불이익을 당할 것을 뻔히 알면서도 교회에서 하라는 것에 머뭇거리지 않고 순종했다. '생명의삶'과 '확신의삶' 공부를 수료했다. 평신도 세미나를 다녀왔다. 목자로 헌신하고 임명을 받았다. 나의 생명이자 나의 사랑이신 예수님이 기뻐하는 일이라는데, 뭐든 못하랴.

당연히, 친구나 동호인들과의 관계가 깨지거나 끊어졌다. 주일에 일을 못하는 것은 당연했다. 회사나 일터에서는 술을 못 먹게 되었다. 회사 모임이 금요일 저녁에 있으면 목장모임 때문에 혼자 빠져야 했다. 사장님에게 죄송했다. 영업 사원이 이러저러한 이유로 빠지면 회사에서 곱게 봐줄 리 없다.

하지만 이 모든 불편함도 예수님을 향한 내 사랑을 막지는 못했다. 참된 삶을 찾았기에 그 삶에 더 충실하고 싶었다. 이 모든 일이 교회에 등록한 지, 일곱 달만에 일어났다.

드라마를 만드시는 하나님

"여보. 전화 왔어요. 너무 신기해."

아내가 내 영업을 도우기 위해 인터넷 블로그 운영을 시작했다. 아내는 컴퓨터를 그리 능숙하게 다루는 사람이 아니었다. 그런데 제자삼는 교회의 한 목녀님이 블로그에 대해 아주 해박하여서 요령을 가르쳐 주었다. 막상 블로그를 시작하고도 그리 큰 기대는 하지 않았다. 그런데, 하나님이 복을 주려고 작정을 하셨는지 문의 전화가 많았다.

블로그 덕분에 계약이 늘어나니 굳이 현장에 가서 시공하지 않아도 되었다. 몸을 덜 움직이고 시간도 덜 들이는데 수입은 예전보다 더 나았다. 나이가 들어가니 현장일보다 영업 쪽으로 더 신경을 써야겠다고 생각하고 있던 차에 하나님은 내 마음을 다 아시고 미리 상황을 바꿔주신 것이다. 이런 기적을 동료들이 알까? 세상 사람들이 알까?

아내도 전혀 다른 사람이 되었다. 나와 아내가 목자 목녀로 섬기면서 받은 복이 헤아릴 수 없이 많지만, 둘이서 더 이상 싸우지 않는다는 사실이 가장 감사하다.

작년에 교회 우편함에 넣었던 기도제목을 연말에 열어보니 100퍼센트 응답되어 있었다. 그 가운데, 월셋집에서 전셋집으로 이사 가는 것이 가장 큰 소원이었는데 하나님은 그 소원부터 들어주셨다.

우리 힘으로 할 수 없는 일이었다. 그 은혜의 감격이 채 사라지기도

전에, 하나님은 더 큰 선물을 주셨다. 마곡지구 장기 전세계약에 당첨되었다. 우리는 대기자 55번이었다. 그 순번은 당첨될 수 없는 번호였다. 그런데 기적이 일어난 것이다. 일주일 안에 급히 계약금 3천만 원을 내야 하는 부담이 있었다. 하지만 한 치의 흔들림 없이 하나님을 신뢰했다. 우리가 구한 것은 우리 가족이 살 집이기도 하지만, 마곡 지구의 영혼을 구원하는 데 필요한 영적인 요새였기 때문이다.

"너희는 먼저 그의 나라와 그의 의를 구하라 그리하면 이 모든 것을 너희에게 더하시리라." (마태복음 6:33)

주일 예배 때, 헌신대 앞에 나가 목사님께 안수기도를 받았다. 그리고 믿음은 현실이 되었다. 처가 식구들의 도움으로 정해진 날짜에 계약을 하였다. 정말 무슨 드라마 같았다. 처가 식구들에게 계약금 이야기는 차마 꺼내지도 못하고 있었다. 그동안 빚진 것이 얼마이며 또 한두 번 빌린 것이 아니……. 그런데 하나님이 처가 식구들의 마음을 움직여주셨다. 앞으로 20년 동안 집 걱정 없이 살게 되었다. 파산한 사람이라 은행에서 신용대출도 안되는데 어찌 4억 원짜리 아파트에서 20년씩 살 수 있단 말인가. 하나님의 은혜가 아니고서는 불가능한 일이다.

본질을 깨닫다

생각해보니, 43년의 인생이 바람처럼 한 번에 휘익 지나가버렸다. 4

남 2녀의 막내이다 보니 나이 많은 아버지와 대화 없이 살았고 어머니의 사랑도 그다지 받지 못했다. 공부도 많이 하지 못했고 그 흔한 대학 졸업장도 없다. 번듯하게 내세울 만한 재주도 없고 경제적으로 부유한 사람도 아니다. 사업이라고 벌여놓았다가 빈털터리가 되었고 조직폭력배에게 쫓기고 맞기도 했다. 그런 삶이 하나님을 만나기 전까지 내 인생 스토리의 전부였다. 그렇게 한평생 헤매며 살다가 죽을 인생이었다.

그런데 제자삼는교회에서 하나님을 만나고 나니 모든 것이 달라졌다. 하나님을 만나지 못했다면, 목자가 되지 않았다면, 인생의 풍족함이나 부요함이 무엇인지 알지도 못하고 경험하지도 못하고 살았을 것이다. 그런데 나와 우리 가정이 무엇이라고 지금 이런 축복을 누리게 되었는지 그 은혜가 말할 수 없을 정도로 크고 깊다. 아내와 두 딸은 내가 목자여서 자랑스럽다고 여러 번 고백했다.

"이에 예수께서 제자들에게 이르시되 누구든지 나를 따라오려거든 자기를 부인하고 자기 십자가를 지고 나를 따를 것이니라." (마태복음16:24)

그 말씀을 좇아 고집도 내려놓고, 욕심도 내려놓고, 하고 싶은 것도 다 내려놓았다. 아내 앞에서는 권위적인 남편의 모습을 버렸다. 아이들 앞에서는 권위적인 아빠의 모습을 버렸다. 가장이 해서는 안 되는 일로 알았던 설거지도 이제는 아무렇지 않게 한다. 빨래를 널기도 하고 개기도 한다. 목장 식구들 앞에서도, 유능한 목자가 아니라는 것을 숨기지 않고 말한다. 그 대신 하나님이 주셔서 이 직분을 맡고 있으니 부족해도 동역하는 마음으로 함께 헤쳐 나가자고 말한다.

내 영혼이 구원받아 이렇게 특별한 삶을 살고 있으니 다른 영혼에게도 이 축복을 나누어 주고 싶다. 남들이 봐주든 안 봐주든, 남들이 인정해주든 그렇지 않든, 그런 문제는 중요하지 않다. 변화된 내 삶 자체가 기적이기에 그 이야기를 세상에 전하지 않을 수 없다. 나처럼 방황하는 인생, 목장모임을 필요로 하는 인생들이 와서 예수님을 만나고 회복되고 평강을 찾았으면 좋겠다. 그것이 내가 깨달은 내 인생의 본질이다.

행복은 멀리 있는 것이 아니었다. 그런데 참 많은 시간을 허비하고서야 뒤늦게 깨달았다. 지금까지 그랬던 것처럼 하나님이 나보다 앞서 모든 것을 예비하여 주실 것이다. 그리고 강한 손으로 항상 이끌어 주실 것이다. 그렇게 믿는다.

나를 나답게 살도록 이끄는 힘, 순종

부도

느낌이 이상했다. 딸아이 손을 잡고 집을 나섰다. 저만치 남편의 공장이 보였다. 공장 앞에 대여섯 대의 승용차들이 어지럽게 주차되어 있었다. 불길한 예감이 들었다. 남편에게 전화를 했다.

"지금 안 왔으면 좋겠어. 거래처 사장님들이 와 계셔."

맨바닥에 털썩 주저앉았다. 터질 것이 터졌다는 생각이 들었다. 마음속 저 깊은 곳에서부터 울음이 터져 나왔다. 체면도 부끄러움도 내 알 바 아니었다. 서럽게 울었다. 짐승처럼 울어대었다. 여섯 살짜리 딸은 까닭도 모르면서 내가 우니 같이 울었다. 뱃속에는 석 달 된 작은애가 있었다. 그토록 말렸건만, 남편의 고집을 꺾지 못한 것이 내 실수였다.

남편은 대형빌라 40세대분의 부엌가구 납품 계약을 수주했다. 그리고 일사천리로 일을 벌여 나갔다. 큰아주버니 밑에서 부엌가구 일을 배운 지 3년, 일산에 영업매장을 낸 지 2년, 어느 정도 경험과 경력을 쌓은 터라, 큰 욕심 버리고 차근차근 일해 나갔다면 부도가 날 리 없었다.

그런데 남편은 성공에 대한 자신감이 너무 컸다. 어디서 그런 추진력이 나왔는지 우리 형편에 무리가 되는 큰 계약을 해버린 것이다. 가진 돈이 많지 않으니 파주에 새 공장을 지을 때부터 하루하루 빚을 내어 급한 것을 막았다. 대금 결제가 밀리기 시작했다. 합판이나 집기류를 납품해왔던 거래처 사장님들이 낌새를 눈치 채고 몰려온 것이다.

"우리도 참을 만큼 참은 거 알지? 고소할 테니 감옥에 갈 각오해."

사장님들이 떠나고 난 공장은 아수라장으로 변해 있었다. 빚은 4억이었다. 가진 것 전부를 사장님들께 넘겨주어도 해결할 수 없는 액수였다. 공장도 넘기고 기계도 넘겼다. 한순간에 무일푼이 되어버렸다.

도피생활

살림살이를 다 정리했다. 친지와 친구들에게 나눠줄 만큼 나눠주었고 나머지는 버렸다. 겨우 옷가지만 챙겨서 친정으로 향했다. 서울을 떠나 횡성으로 가는 길, 가을 낙엽이 처량하게 떨어지고 있었다. 그동안의 삶이 빛바랜 영화처럼 차창으로 스치는 것 같았다.

결혼 후, 남편은 큰아주버니의 도움으로 부엌가구 매장을 내었다. 사업은 순조로웠고 남편이 갖다 주는 돈은 넉넉했다. 살고 있는 아파트 말고도 빌라 한 채를 더 소유했고 억대 공장도 갖고 있었다. 30대 초반에 그 정도면 잘 나가는 편이었다.

내 일과는 배드민턴 동호회 활동과 백화점을 오가는 것이 전부였다. 오전에는 배드민턴을 치고 오후에는 공장에 잠깐 들르거나 딸을 데리고 백화점을 돌아다녔다. 백화점 문화센터에 놀이 위주로 진행하는 프로그램이 많았다. 영어와 미술을 비롯하여 적어도 세 개, 많게는 여섯 개의 프로그램에 딸을 참여시켰다. 어린 시절 내가 공부를 일찍 포기했기 때문에 하나뿐인 딸은 후회 없이 좋은 교육을 시키고 싶었다.

백화점에서 딸이 프로그램에 참여하고 있는 사이, 나는 쇼핑을 즐겼다. 남들이 말하는 쇼핑 중독이었다. 남편이 가정에 소홀한 만큼 그 보상으로 생활비는 넉넉히 주었기에 쇼핑으로 대리만족하며 버텨 나갔다.

남편은 인테리어 회사나 건설회사 사람들을 만나 영업을 했다. 그런데 그 시절 그 분야에는 폭력조직들이 연결되어 있었다. 영업을 하자면 그들과 어울리지 않을 수 없었다. 어떤 땐 수백만 원을 주고 연예인을 불렀다며 노래방 테이블에서 찍은 사진을 자랑스럽게 보여주기도 했다. 남편의 그런 생활이 정말 싫었다. 하지만 잘 살아보겠다고 그렇게라도 발버둥치는 남편을 말릴 수가 없었다.

남편은 파주에 공장을 새로 짓고 사업을 크게 확장했다. 그런데 애초에 빚으로 시작하고 빚에 몰리다 보니 사태는 걷잡을 수 없게 흘러갔다. 하루아침에 망했고 빚쟁이들에게 둘러싸이게 된 것이다.

남편은 서울에서 숨어 지냈고 나와 딸은 친정에서 숨어 지냈다. 하루하루 마음이 불안하여 어찌할 바를 몰랐다. 사람들이 무서워서 밖에 나갈 엄두가 나지 않았다. 절망감과 우울감에 사로잡히니 분노와 짜증이 가라앉지 않았다. 친정 엄마의 한숨도 멎을 날이 없었다.

친정 엄마는 노이로제가 걸린 것 같았다. 전화벨 소리만 울려도 빚쟁이의 전화일 것이라며 받지 말라고 했다. 검은 차만 보아도 집 안의 모든 문을 걸어 잠갔다. 행여 내가 어떻게 될까봐 노인정에도 가지 않았다.

"뱃속의 아이를 지우고 이혼하거라. 그게 네가 살 길이야."

합의이혼을 하라고 친정식구들이 나를 몰아세웠다. 하지만 남편은 털끝만큼도 이혼 생각을 하지 않았다.

"이 추운 곳에서 어떻게 몸을 푸니?"

출산 예정일이 3월 초였다. 강원도는 눈이 채 녹지 않을 때라 시골집에서 갓난아이 씻기고 산후조리할 것을 생각하니 친정엄마는 엄두가 안 나는 모양이었다.

부부싸움으로 파출소까지

어느새 한겨울이 되었다. 몸도 마음도 춥고 힘들던 그 시절, 남편은 일주일에 한 번씩 꼬박꼬박 처가에 들렀다. 그 모습이 애처롭고 안쓰러워 보였는지 친정엄마가 돈을 마련해 주었다. 그 돈으로 방화동에 월셋집을 얻었다.

여섯 달 만에 서울로 돌아왔다. 그러나 내게 그 시간은 6년도 더 된 것 같았다. 재산, 사람, 희망, 용기……. 그 모든 걸 다 잃었고 아무 것도 남은 것이 없었다. 작은딸이 태어나지 않았다면 그 어두운 시절을 어찌 보내었을지 아득하기만 하다.

남편은 여전히 술 담배를 끊지 못했다. 일이 끝나면 동료들과 어울리느라 예전처럼 가정에 소홀했다. 그들과 어울려 당구 치고 노래방 가는 것이 남편의 일상이었다.

그날도 남편은 회식이 있다고 했다. 자정이 되어도 아무런 연락이 없었다. 새벽 한 시가 넘어가는데 온다던 남편은 함흥차사였다. 그 시각에 부천에 있는 남편의 직장을 찾아갔다. 차를 세워놓았을 것이기에 회식이 끝나면 다시 직장 앞으로 올 것이라 짐작했다. 그날따라 비가 억수같이 내렸다. 차 앞에서 기다리고 있는 나를 보고 공장장님은 사태의 심각함을 파악한 것 같았다.

"아, 미안해요. 우리가 너무 늦었죠?"

그러나 남편은 전혀 미안한 기색이 없었다. 그 모습에 더 화가 났다. 트럭의 와이퍼를 뜯어 던졌다. 그리고 차도에 큰대大자로 누워버렸다. 깜깜한 밤, 그것도 비 오는 날에 도로에 누웠으니 자칫 차라도 지나가면 그대로 사고였다. 그러나 그 순간만은 죽음도 두렵지 않았다. 이렇게 사느니 죽는 것이 낫겠다고 생각하였다. 남편 동료들이 안 되겠다 싶었는지 경찰에 신고했다. 남편과 나는 파출소로 연행되었다.

파산했을 때는 이혼을 생각할 겨를이 없었다. 그런데 가족이 다시 모여 살게 되었건만, 항상 이혼을 생각했다. 얼마나 괴로웠는지 작은딸에게 모유 수유를 하고 있는데도 소주 한 병을 단숨에 마셔버렸다. 그러나 괴로움은 나만의 것이었다.

"남자라면 그럴 수 있지."

남편의 논리는 간단했다. 전혀 나아질 기미가 보이지 않았다. 나는 우울증이 점점 더 심해졌다. 약을 복용할 수밖에 없었다. 약이 아니고는 도저히 그 절망감을 감당할 수가 없었다. 약을 먹으면 뇌가 죄여드는 것 같았다. 이러다 혈관이 막혀 죽지 않을까 하는 두려움이 생길 정도로 불쾌한 약이었다. 그러나 약을 먹어도 해결되는 것은 아무 것도 없었다.

모든 것이 믿어진다

작은딸이 이웃의 나리와 잘 지냈다. 애들끼리 친하게 지내니 나리 엄마와도 어느새 가까워졌다. 작은딸이 나리를 따라 교회에 나가고 싶어 하기에 허락해 주었다.

어느 날, 나리 엄마가 우리 가족을 초대하였다. 알고 지낸다는 이웃 언니의 집으로 우리를 데리고 갔다. 가보니 식사도 맛있고 분위기도 근사했다. 우리를 위해 이렇게 맛있는 음식을 차려주었나 싶어 고맙기도 했고 부담스럽기도 했다.

"교회가 가까우니 주일에 교회에도 오세요."

좋은 교회를 찾아 여러 군데 다녀보았으니 한 군데 더 가보는 것은 그리 어려운 일이 아니었다. 주일에 제자삼는교회에 처음 가보았다. 설교를 들었다. 다윗에 관한 것이었는데 어쩌면 그렇게 이해하기 쉬운지……. 설교 한 구절 한 구절이 마음에 와 닿았고 감성의 깊은 부분을 건드렸다. 망설일 것도 없었다.

'내가 바라던 설교야.'

마음속에서 나도 모르게 외침이 터져 나왔다. 그 다음 주부터 매주 예배를 드리지 않을 수 없었다. 그리고 교회에 등록했다.

얼마 안 있어 남편은 예수님이 구주이시라는 확신을 갖고 세례를 받았다. 믿기지 않는 일이었다. 큰아주버니를 따라 김포의 교회에 다닐 때 남편은 입버릇처럼 자주 말했다.

"믿음이 안 생겨. 나는 왜 믿음이 안 자라지?"

그런 남편이 세례를 받고 나니 전혀 다른 사람이 되었다.

"신기해. 모든 것이 믿어진다니까……."

내가 더 신기하고 내가 더 감사했다. 세례를 받고 나서 남편은 교회 식구들 앞에서 간증했다. 그리고 얼마 안 있어 영등포제일교회에서도 간증할 기회가 주어졌다. 간증하러 가기 일주일 전에 술 담배를 깨끗이 끊었다. 기적의 연속이었다.

영등포제일교회 강단에 남편이 서서 간증하는 순간, 깜짝 놀라지 않을 수 없었다. 내 눈으로 보고 있는 사람은 내가 알던 남편이 아니었다. 연습하느라 듣고 또 들었던 간증 원고도 전혀 새롭게 들렸다. 감동과 감격에 겨워 눈물이 북받치는 사람은 강단에 선 남편이 아니라 나였다.

'저렇게 멋진 사람이 내 남편이었구나. 저런 사람을 그 동안 내 생각대로 이렇게 해라 저렇게 해라 명령하고, 내 뜻에 맞지 않으면 싸우자고 덤벼들었으니…….'

소름이 끼쳤다. 하나님 앞에서 훌륭하게 변화되어 있는 남편을 보면서 하나님이 살아 계시다는 사실이 느껴졌다. 남편이 너무나 자랑스러웠다. 하나님은 남편을 귀하게 여기고 많이 사랑하시는 게 틀림없다.

기도 응답을 확실히 주시는 이유

가정교회 평신도 세미나를 다녀왔다. 목사님이 우리 부부를 불렀다.

"목자 목녀로 섬기세요."

"예."

모르고 시작한 것이 은혜였다. 엉겁결에 순종하고 보니, 목자 목녀이기에 받을 수 있는 축복이 따로 있다는 것을 알았다. 영적인 축복과 물질적인 축복을 풍성하게 받기 시작했다.

목녀가 되기 전, 나는 기도하는 방법도 잘 몰랐다. 그리고 오로지 나를 위한 기도만 했을 뿐이다. 그런데 목녀가 되고 나서 다른 사람들을 위해 기도하기 시작했다. 목장 식구들을 위해 기도할 수밖에 없었다.

기도의 필요성을 알고 간절히 기도하자 하나님은 응답을 주시기 시작했다. 내 기질을 잘 아시는 하나님은 아주 확실하고 풍성하게 응답해 주셨다. 나중에서야 그 응답이 우리 목장을 세워나가기 위한 하나님의 은혜라는 것을 깨달았다. 갓 세례 받은 신참내기 성도가 목자 목녀가 되었으니 기도 응답이 없다면 목장 식구들이 무엇을 보고 본을 삼을 수 있으랴. 옛 속성과 옛 고집을 버리고 순종하였을 때 얼마나 큰 축복을 받는지 하나님은 우리 가정을 샘플로 삼아 보여주려 하신 것이다.

기도 응답이 많으니 하나님 이야기를 할 기회가 많았다. 나는 사교적인 성격으로, 감정을 풍부하게 표현하는 편이다. 그러다보니 사람들을 만나면 하나님에 대한 체험을 나도 모르게 흥분하여 전하게 된다. 흥분하지 않을 수 없는 이야기들이 내 안에 가득하니 자제하고 싶어도 자제

할 수가 없다.

그리고 깨달았다. 하나님은 그렇게 내 삶의 이야기를 사용해 복음을 전파하기 원하신다는 것을……. 그것이 곧 나의 사명인 것을…….

로또 복권

"여보. 이 텐트, 어쩌지?"

어느 날, 집안 청소를 하다가 텐트와 캠핑도구 세트가 눈에 띄었다. 제자삼는교회에 오기 얼마 전에 큰맘 먹고 세트 일체를 구입한 것이다.

남편과 나는 여행을 좋아했다. 친구들과 삼삼오오 어울려 전국의 유명한 곳에 놀러 다니기를 즐겼다. 그런데 그런 모임에는 술과 담배, 내기, 재미로 하는 도박이 꼭 들어갔다. 한때는 그런 것을 끊으면 무슨 재미로 살까 싶었다.

제자삼는교회에 오니 그 물건들이 무용지물이 되었다. 목장 목임이 금요일인데다 주일에는 예배를 드려야 한다. 놀러간다고 해도 대부분 교회 행사 위주로 교회 식구들과 함께 가게 되니 텐트를 치고 놀 정도의 시간은 나지 않는다. 그런데 참 이상하다. 노는 시간은 줄어들었는데 위로와 힐링은 훨씬 더 크다. 영적으로 좋은 영향력을 받을 수 있는 사람들과 있으니 세상적인 즐거움이 없어도 더할 나위 없이 재미있고 행복하다.

세상 사람들의 눈에는 주일 하루를 온전히 교회에 바치는 모습이 얼마나 어리석어 보일까? 그러나 이제 내 눈에는 주일의 가치를 모르는 사람들이 더 어리석게 보인다. 주일 하루를 하나님께 드리면 일주일이 마냥 행복하다. 월요일만 되어도 주일이 빨리 오기를 기다린다. 이렇게 주일을 사모하고 설교 말씀을 사모하며 사는 지금의 삶이 너무 만족스럽다.

십일조를 비롯한 헌금 생활도 그렇다. 파산하고 아무 것도 없는 사람이, 하루하루 수중에 들어오는 돈으로 먹고 사는 사람이 십일조를 어찌 마음 놓고 드릴 수 있겠는가? 돈이 들어오면 급한 것부터 막았고 쓰고 남으면 십일조를 드리려 하였다. 그런데 그런 태도가 하나님 앞에서 바르지 않다는 생각이 들었다. 지금은 우리 부부의 수입뿐 아니라 아이들에게 들어오는 자잘한 용돈도 미리 구별하여 두었다가 온전하게 십일조를 드린다.

우리 가정의 형편을 아는 사람들은 종종 말한다.

"교회 다니는 것은 좋지만 너무 빠지면 안 돼."

"교회는 적당히 다니고 헌금도 적당히 해야 해."

그런데 10만원을 헌금하면 100만원을 주시는 하나님을 경험하니 기쁜 마음으로 헌금을 드리지 않을 수 없다. 그 기쁨이 얼마나 큰 것인지 아는 사람만이 안다.

로또복권을 사러 간 적이 있다. 복권을 사러 가는 발걸음이 무거웠다. 부질없는 짓이라는 생각도 들었지만 혹시나 하는 마음으로 가게의 문을 열었다. 제자삼는교회에 오기 전에도 가끔 들어가 본 적이 있는 가게였다. 주인도 바뀌지 않았고 가게 안도 똑같았다. 그런데 목녀가 되어 찾아간 그 공간은 전혀 다르게 보였다. 담배 연기 자욱한 그 공간은 칙칙하기 짝이 없었다. 희망이 아닌 절망으로 찌든 분위기였다. 내 눈이 달라져 있었던 것이다.

그런데 로또복권을 사고 돌아오니 그 주에 이상한 일이 일어나기 시작했다. 인터넷 블로그를 운영해 남편의 영업을 돕고 있는데, 평소에 상담전화가 와서 고객을 만나면 80퍼센트는 계약이 이루어졌다. 그런데 그 주에는 전화 문의가 여러 번 있었지만 계약이 전혀 이루어지지 않았다. 7백만 원에서 8백만 원 정도의 계약이 눈앞에서 날아가 버렸다. 그제야 "아차!" 하고 하나님 앞에 엎드렸다.

"하나님, 제가 잘못했습니다. 이제 꾀를 부리지 않겠습니다. 하나님이 주시는 복을 먹고 살겠습니다."

하나님은 이렇게 나로 하여금, 삶과 믿음이 따로 떨어진 것이 아니라 삶 자체가 믿음생활이 되도록 특별하게 훈련시켜 주셨다.

종합병원 같은 교회

예전에 나는 순종이라는 말이 너무 싫었다. 내 자유를 억압하고 삶의 모든 재미를 빼앗아가는 모진 형벌인 줄 알았다. 그런데 순종이야말로 나를 나답게 살도록 이끌어가는 힘인 것을 깨달았다.

내 성품과 경험을 목녀 사역에 쓸 수 있는 것도 축복이라는 것을 최근에 깨달았다. 나는 어떤 사람을 만나도 초면에 부담 없이 다가간다. 시샘이 없으니 다른 사람이 잘되면 같이 기쁘고 같이 행복하다. 우울증을 극복하고 나니 어떤 고통도 이겨낼 만하다. 사업실패와 파산을 겪었기에 어떤 시련에도 묵묵히 걸어갈 수 있는 여유도 갖게 되었다.

지금 생각해보니, 파산과 도피라는 극단적인 방법이 아니었더라면 우리는 너무 '잘난' 사람이어서 하나님을 찾을 이유가 없었을 것이다. 그런데, 우리에게 딱 맞는 방법으로 하나님께 돌아오게 해 주서서 감사하다. 하나에서 열까지 모든 것이 감사하다.

그러니 제자삼는교회는 내게 종합병원 같은 곳이다. 나의 모든 병이 치료된 곳이다. 우울했던 삶이 소망이 있는 건강한 삶으로 바뀌었다. 마당쇠로밖에 보이지 않던 남편이 멋진 목자로 변화되었다. 사람과 세상을 향했던 원한도 감사로 바뀌었다. 시간만 나면 쇼핑하고 친구들과 노는 재미에 빠져 살던 사람이, 이제는 하나님이 한마디 하면 꼼짝없이 순종하는 사람이 되었다.

하나님의 은혜에 감격할 때마다 나는 목장모임에 초대받아갔던 그날 저녁을 떠올린다. 세상 어떤 모임에서 감사를 가르쳐 주는가? 그런데 목장모임은 감사가 무엇인지 가르쳐 주었다. 감사 고백을 하며 사는 삶이 얼마나 가치 있는 삶인지 가르쳐 주었다.

"보라, 내가 새 일을 행하리니 이제 나타낼 것이라. 너희가 그것을 알지 못하겠느냐. 반드시 내가 광야에 길을 사막에 강을 내리니" (이사야 43:19)

파산했을 때에도, 남편과 싸우고 파출소에 갔을 때에도, 이혼하지 않은 것은 지금 우리를 이렇게 믿음의 가정으로 세워주기 위한 하나님의 간섭하심과 큰 은혜였다.

"나는 너를 애굽 땅에서 인도하여 낸 여호와 네 하나님이니 네 입을 크게 열라. 내가 채우리라." (시편 81:10)

이 말씀대로 남편과 나는 하나님의 나라와 제자삼는교회를 위하여 입을 더 크게 열 것이다. 그 마음이 거짓이나 허영이 아님을 누구보다 하나님이 더 잘 아신다. 하나님께서 지금까지 채워주신 것처럼 앞으로도 풍성하게 채워주실 것이다.

한 사람의
인생을 바꾼
따뜻한
밥 한끼

일찍 남편을 여의어
생활비를 벌고 아이들을 양육해야 하는
두 싱글맘이 있습니다.
남몰래 흘린 눈물이 적지 않습니다.
공교롭게도 두 여인은
카톨릭 신자였으나
하나님이 특별히 불러 주셔서
그리스도인으로 거듭났습니다.
눈물 속에서 웃으며 일어선
들꽃 같은 여인들의 이야기입니다.

싱글맘, 웃으며 일어서다

비바람이 앞길을 막아도

이전 것은 지나갔으니 보라 새 것이 되었도다

비바람이 앞길을 막아도

남편의 죽음

우려가 현실이 되었다. 남편이 병을 이기지 못하고 세상을 먼저 떠났다. 하늘이 무너지고 땅이 꺼진다는 말이 어떤 것인지 실감이 났다. 차라리 남편을 따라 같이 죽고 싶었다. 하지만 죽는 일도 내 마음대로 할 수 없었다. 첫째가 중1, 둘째가 초등학교 6학년, 셋째가 네 살, 막내가 돌 무렵이었다. 어린 것들을 위해서라도 어떻게든 이를 악물어야 했다.

상속도 포기했다. 남편의 빚보증까지 떠안을 수는 없었다. 앞이 막막하였다. 하지만 넋 놓고 울고 있을 수도 없었다.

"어떻게 출근했어요?"

"애들은요?"

장례를 치르자마자 일터인 장애인복지관에 나갔다. 천주교재단에서 운영하는 복지관이었다. 동료들은 깜짝 놀랐지만 나로서는 당연한 일이었다. 일이라도 하지 않으면 생활비가 나올 곳이 없었다. 그리고 절망감에 사로잡혀 정신이 어떻게 될 것 같았다. 늘 그랬던 것처럼, 백 명이 넘는 장애인들을 위하여 식사를 준비했다. 적어도 영양사로 일하는 낮 시간에는 슬픔이라도 잊을 수 있었다.

어느 날, 복지관의 한 수사님이 나를 불렀다.

"재단에서 운영하는 후원회 건물이 있어요. 그곳에 수사들을 위한 사택이 비어 있습니다. 그리로 이사를 오는 게 어때요?"

곧바로 이사를 결정했다. 나와 아이들을 생각해준 수사님의 성의도 있고, 새로운 희망을 갖고 살아보자는 마음이 일어났기 때문이다.

그런데 막상 이사를 하고 보니, 입이 떡 벌어졌다. 세상물정 모르는 수사님들이다 보니, 50평짜리 사택이 살림집으로 얼마나 부적합한가를 몰랐던 것이다. 난방이 가장 큰 문제였다. 그즈음 내 월급이 180만원 정도였다. 그런데 한 달에 150만원이 보일러 기름값으로 빠져나갔다. 갖고 있던 돈은 바닥이 나고 있었다.

한 푼이 아쉬웠다. 부업을 시작했다. 틈날 때마다 구리전선 피복 벗기는 일을 하였다. 부지런히 작업하면 어떤 때는 20만원도 받을 수 있었다. 그렇지만 아무리 악착같이 벌어도 소용이 없었다. 버스비가 없어서 걸어 다닌 날이 더 많았다.

하루하루가 너무 길었다. 가슴엔 돌멩이가 가득 차 있는 것 같았다. 금방이라도 터질 것만 같았다. 옥상에서 뛰어내려 죽을 생각도 여러 번 했다. 하지만, 종교재단 건물에서 사람이 죽었다고 하면 신문에 날까봐 그것도 못했다. 나중에서야 그런 집에 살게 하신 것도 하나님의 은혜였다는 것은 깨달았다. 행여 모진 마음 먹지 못하도록 나와 아이들을 그런 환경으로 옮기신 것이었다.

울어서도 안 되고 울 자격도 없다

밤마다 불면증에 시달렸다. 하지만 날이 밝으면 다시 마음을 독하게 먹고 일어나야 했다.

"애들아, 일어나. 얼른 세수하자."

새벽 다섯 시였다. 아이들은 잠에 취해 제대로 눈도 뜨지 못했다. 남들 다 자는 그 시각에 온 식구가 일어나야 했다. 음식을 만들고 청소까지 하며 정신없이 뛰어다녔다. 새벽마다 전쟁이 따로 없었다.

핸드백을 챙겨 들고 막내를 등에 업고 셋째 손을 잡고 어린이집에 보낼 기저귀가방을 챙겨서 집을 나섰다. 버스정류장까지 그런 모양으로 걸어갔다. 출근도 하기 전에 이미 온몸의 진이 다 빠졌다. 혼자 걸으면 십 분 거리였다. 하지만 아이들 걸음걸이에 맞춰야 하니, 정류장까지 30

분이나 걸렸다.

　어린이집에 도착하면, 문도 열지 않았다. 어떤 때는 원장 선생님의 단잠을 깨우기도 했다. 내 출근 시간을 맞추려면 실례를 무릅써야 했다.

　셋째와 막내를 어린이집에 데려다 주고 다시 복지관까지 두 정류장을 걸어서 출근했다. 맑은 날은 그래도 괜찮았다. 비나 눈이 오면 그 비와 눈을 다 맞으며 출근해야 했다. 출퇴근하면서 하루도 울지 않은 적이 없었다.

　술을 마시기 시작했다. 어려움을 잊어버리는 방법은 그것밖에 없었다. 한두 병으로는 부족했다. 아예 박스로 갖다 놓고 마셔대었다. 그렇게 5년의 세월을 눈물로 보내었다.

　어렵고 힘든 그 시간을 어찌 버티었을까 생각해보니 감사하게도 그 원동력은 아이들이었다. 내가 없으면 안 되는 아이들이었다. 아니, 사실은 그 반대였다. 나를 위해서 없어서는 안 되는 아이들이었다. 아이들 덕분에 딴생각을 할 수 없었던 것이다.

　"아이 넷 둔 엄마는 독해져야 된다. 울어서도 안 되고 울 자격도 없다."

　친정어머니는 중심이 흔들리지 않도록 늘 강하게 나를 잡아주셨다. 강하게 채찍질하는 어머니가 계셨기에 나는 중심을 잃지 않고 버틸 수 있었다.

　먹고 사는 것 자체가 힘들었다. 다른 것은 눈에 들어오지도 않았다.

그저 때맞춰 밥 주고 씻기고 입히면 아이들은 알아서 커 나갈 줄 알았다. 그런데 생각지 않은 문제가 생겼다.

셋째에게 이상 증상이 보였다. 아빠의 죽음으로 충격이 컸던 모양이다. 여러 면에서 또래보다 성장이 더디었다. 특히 언어발달이 느렸다. 초등학교 입학을 한 해 늦추고 언어치료를 받았다. 셋째를 위해 고민을 많이 했다. 그리고 결심하였다. 십 년 동안 다닌 직장을 그만두기로……. 영양사 월급으로는 도저히 생활비가 해결되지 않았다. 나머지 아이들 교육도 제대로 안되겠다는 판단이 섰던 것이다.

저는 성당 다녀요

방화동으로 이사했다. 그리고 곧바로 보험FC 일을 시작하였다. 태어나 처음 해보는 보험영업이었지만, 다른 사람보다 더 노력했고 더 악착같이 일했다. 전단지를 돌리고 또 돌렸다. 노력한 만큼 실적도 좋았다. 영양사 월급의 몇 배를 벌었다.

어느 날, 집 앞에서 한 이웃과 마주쳤다. 제자삼는교회 유치부에서 사역하고 있다고 했다.

"주희가 교회에 와보더니 다니고 싶다고 해요. 유치부에서 예배드리게 보내주시겠어요?"

무슨 마음이었는지 입에서 불쑥 거짓말이 튀어나왔다.

"저는 성당 다녀요."

성당에 안 나간 지 한참 된 때였다. 딱 잘라 거절하고 헤어졌다.

"엄마, 교회 가고 싶어요. 보내주세요."

교회 이야기는 그것으로 끝난 줄 알았는데 며칠 뒤, 막내와 셋째가 교회에 가고 싶다고 졸라대기 시작했다.

"안 돼. 우리는 성당 다녔잖아."

타일렀지만 막무가내였다. 우는 막내를 달래고 달래다가, 마침내 두 손을 들고 말았다.

"그래, 알았어. 너희 둘만 다니는 거야. 너희들 인생이니 알아서 하렴."

그런데 그것은 시작에 지나지 않았다. 어느 날 막내가 불평을 늘어놓았다.

"엄마. 유치부 예배를 드리고 나면 다른 친구들은 부모님이 와서 함께 식당으로 간단 말이야. 그런데, 나는 맨날 혼자 밥 먹는다구."

그 말을 들으니 맘이 짠해졌다. 그리고 결심하게 되었다.

"에이, 그래. 한 번만 가자."

딸아이의 투정을 들어준 것, 그것이 하나님을 향한 나의 첫 결단이었다. 그리고 얼마 후 목장모임에 나가게 되었다. 그것도 막내의 간곡한 권유였다.

목장모임은 편안하고 좋았다. 이야기를 하고 있으면 마음의 응어리들이 풀리는 것 같았다. 그 즈음, 성당에서 다시 나오라는 연락이 오기 시작했다. 교회와 성당을 놓고 고민하다가 마침내 교회를 선택했다. 성당과 교회가 다른 점이 있다면 목장식구들과의 교제였다. 그 교제로 마음이 열리고 행복해지니 교회를 선택하지 않을 수 없었다.

어느 주일, 예배 전 준비 찬양을 드리고 있었다. 다른 성도님들을 유심히 살펴보았다.

'여기가 어떤 곳이기에 모인 사람들이 이토록 행복한 모습일까?'

특히 강단 앞에서 찬양을 인도하는 찬양단의 얼굴을 보면서 많은 것이 궁금해졌다. 그리고 답을 찾아내었다. 바로 '하나님의 은혜'였다. 하나님의 은혜와 하나님의 사랑 없이는 그렇게 행복한 얼굴을 할 수 없다는 것을 알았다.

목사님의 설교 말씀도 이해하기 쉬웠다. 주일 아침마다 말씀에 대한 사모함이 강하게 일었다. 예배 전, 주보에 실린 말씀 요약을 미리 보면서 기대감에 부풀었다. 예배가 즐거웠고 행복했고 기다려졌다.

목장에서 자녀 문제를 해결하다

"도대체 무엇이 문제니? 내가 어떻게 해주면 되겠니?"

딸의 대답은 간단했다.

"필요한 거 없어."

나는 다시 물었다.

"너의 꿈은 뭐니?"

"꿈 같은 건 없어."

둘째가 사춘기 열병을 앓기 시작했다. 둘째는 학교와 공부에 흥미가 없었다. 결석을 밥 먹듯 하며 잠만 잤다. 그리고 친구들과 어울려 다녔다. 둘째의 입장이 되어 생각해보기도 했다. 모든 것이 나의 부족함 때문인 것 같아 마음이 아려왔다. 타이르고 혼내기를 여러 번, 어느 날 둘째를 앞에 놓고 진지하게 물어보았다. 그런데 둘째는 하고 싶은 일도 필요한 것도, 꿈도 없다는 것이다.

나는 할 말을 잃었다. 안타까움이 물밀듯이 밀려왔다.

'정말 예쁜 아이였는데 도대체 무엇이 둘째를 이렇게 만들었을까. 내가 어릴 때는 하고 싶은 것, 되고 싶은 것이 헤아릴 수도 없이 많았는데 내 딸은 꿈이 없다니……'

속으로 울음이 가득 차올랐다. 딸에게 해 줄 수 있는 것이라곤 오직 기도밖에 없었다.

"하나님, 둘째가 꿈을 갖게 해 주세요. 공부가 아니어도 좋습니다. 꿈을 이루기 위해 날갯짓이라도 할 수 있게 해주세요."

목장식구들도 함께 기도했다. 그렇게 기도를 하니, 믿기지 않는 일이 일어났다. 둘째가 교회에 나오기 시작한 것이다. 그리고 교회를 좋아하게 되었다. 조금씩 안정을 찾아가는 둘째를 바라보며 목장모임에 나올 때마다 감사의 제목도 하나씩 늘어갔다. 사춘기를 무사히 넘긴 둘째는 지금 취업을 생각하며 피부마사지 학원을 다니고 있다.

첫째라고 문제를 비켜가진 않았다. 첫째는 온 가족이 성당을 다녔는데 갑자기 성당은 나 몰라라 하고 교회에 나가는 것을 못마땅하게 여겼다. 금요일마다 목장모임에 가는 것도 이해하지 못했다. 어느 날 첫째가 내게 말했다.

"성당에서 몇 년씩 장학금까지 받고 살았잖아요. 그런데 어떻게 교회를 선택했는지 이해할 수 없어요."

첫째의 마음을 충분히 헤아릴 수 있었다. 나도 한동안 교회에 나오면서 불편한 마음이 있었으니까……. 하지만 내 영혼이 너무 갈급했기에 교회에 나가지 않을 수 없었다. 성당에 나갈 때는 신부님의 말씀을 귀담아 들은 적이 없었다. 그런데 제자삼는교회에서 목사님의 말씀을 들으면 귀에 쏙쏙 들어왔다. 말씀을 들을 때 성령의 충만함을 느낀다는 것이 무엇인지 나는 알 수 있었다. 내 영혼의 이런 변화를 첫째한테 말로 설명할 수가 없었다. 표현력이 부족한 것이 답답할 뿐이었다.

첫째는 큰아들로서 책임감이 큰 아이였다. 매사에 긍정적이어서 어려운 환경을 탓한 적이 없었다. 고등학교 3년 내내 배달 아르바이트를 하느라 고생도 많이 했다. 학교 수업이 끝나면 한여름의 뜨거운 햇볕, 한

겨울의 추위에도 불구하고 열심히 일한 아이였다. 그런 큰아들이 엄마를 이해해지 못한다니……. 이번에도 기도할 수밖에 없었다.

어느 날, 한 목녀님이 바쁜 시간을 쪼개어 큰애에게 밥을 사주었다. 그리고 큰애의 이야기를 차근차근 다 들어주었다. 엄마인 내가 할 수 없는 부분을 교회 식구가 나서서 기꺼이 섬겨 준 것이다. 그 일로 큰애는 교회에 대한 부정적인 마음을 버렸다. 예배도 열심히 드리고 다른 친구를 전도하기 시작했다. 자신의 기도는 하나님이 다 들어주신다며 확신에 차서 고백하기도 했다. 큰애는 얼마 전, 군대에 무사히 다녀와 새로운 출발선에 서 있다.

이렇게 해서 우리 가족은 다함께 교회에 나와 예배를 드릴 수 있게 되었다. 막내의 기도가 응답된 것이다. 우리 가족이 이렇게 달라진 것은 우리의 선택이 아니었다. 하나님이 우리를 불러주시고 마음을 변화시켜 주신 결과이다.

내 힘으로는 아무것도 할 수 없어요

보험 영업 수입은 꽤 괜찮았다. 그런데 언제부턴가 일이 잘 풀리지 않았다. 고객 상담이 다 이루어져서 계약을 하려 하면, 이상하게도 마지막 단계에서 성사되지 않았다.

회사일이 하나둘 꼬이기 시작하니 스트레스가 쌓여갔고 몸도 점점 안 좋아졌다. 목 디스크 진단을 받았다. 잠을 자는 것조차 힘들었다. 손과 다리가 저려서 운전도 힘들었다. 병원에서는 수술밖에 달리 방법이 없다고 했다. 그런데 수술을 할 수가 없었다. 일을 그만두고 몇 달씩 쉴 수 있는 상황이 아니었기에 잡아 놓은 수술날짜마저 취소했다.

끝났다는 생각이 들었다. 이 몸으로는 더 이상 아무 것도 할 수 없다는 절망감이 찾아왔다. 가만히 따져 보았다. 언제부터 영업이 안 되고 몸이 힘들었는지……. 공교롭게도 교회에 나오기 시작할 무렵이었다. 그제야 목녀님의 말이 떠올랐다.

"교회에 나오면 오히려 어려움을 겪을 수도 있어요. 어떤 사람들은 교회에 나왔는데 도리어 일이 풀리지 않아서 교회를 떠나기도 해요."

무척 괴로웠다. 열심히 일을 했는데 결과가 좋지 않으면 나는 자신을 용납하지 못하는 성격이었다. 다른 때 같았으면 오랜 습관대로 자신을 괴롭혔을 텐데 이번에는 간절히 기도하기 시작했다.

"아직도 내 손길이 필요한 아이들이 있습니다. 엄마로서 책임을 다 하지 못했는데 아프면 안 됩니다."

그렇게 기도하기 시작하자 성령님이 깨닫게 해주셨다. 지금까지 영업 실적이 좋았던 것은 내가 열심히 한 결과가 아니라 하나님께서 부어주신 은혜였다는 것을…….

어느 날 목사님이 나를 불렀다.

"평신도 세미나에 다녀오세요."

그 말을 듣자마자 내 자아가 속삭여대었다.

'상황이 좋을 때도 얼마든지 있는데, 하필 이 힘든 때에 세미나를 다녀오라니……'

그런데 거부할 수 없었다. 급한 것보다 소중한 일을 먼저 하라는 목사님의 말씀이 계속 귓가를 맴돌았다.

2박 3일 세미나 기간 동안 나는 적잖이 충격을 받았다. 지금껏 보지 못한 또 다른 세상을 보게 되었다. 그리고 참 많이 울었다. 세 자녀를 둔 어떤 엄마가 간증자로 나섰는데 그이의 두 아이가 모야모야라는 희귀병을 앓고 있었다. 두 아이는 몸이 자유롭지 못하고 대소변을 가리지 못해 기저귀를 계속 갈아주어야 했다. 그런 상황에서도 목자 사역을 하고 있었다. 그이의 간증을 들으며 나는 쉴 새 없이 눈물을 흘렸다. 세상에서 내 아픔이 가장 큰 줄로만 알았는데 그것이야말로 교만 중의 교만이었다.

세미나에서 돌아온 후, 곧바로 목자로 헌신했다. 어른 여섯 명, 아이들 일곱 명과 함께 새로운 목장으로 출발했다.

"아무 것도 염려하지 말고 다만 모든 일에 기도와 간구로, 너희 구할 것을 감사함으로 하나님께 아뢰라" (빌립보서 4:6)

그 말씀을 의지하며 생각했다.

'설마 하나님이 목장식구들을 굶기기야 할까? 애찬 준비는 할 수 있게 해주시겠지. 남들은 맞벌이 하면서 자식 하나 키우기도 힘들다 하는데, 나는 이렇게 하나님의 은혜로 아이 넷을 키우고 있지 않은가? 무엇이 두려우며 무엇인들 못할까?'

그즈음 프리랜서로 일할 수 있는 곳으로 사무실을 옮겼다. 목장모임을 위해 금요일에는 업무량을 많이 줄였다. 어떻게 보면 세상의 시각으로는 손해가 되는 선택이었다. 하지만 하나님이 나와 우리 가족, 그리고 우리 목장을 가엾게 보신 게 틀림없다. 수입이 줄어들지 않았다.

순종과 영적인 성숙

생명의삶, 새로운삶, 확신의삶, 평신도 세미나, 일대일 제자 양육……. 목사님이 하라고 하는 것은 무조건 "네."라고 대답하고 순종했다. 그래서 이만큼 걸어올 수 있었다. 정말 훌륭한 영적 지도자를 만나는 것이 얼마나 큰 축복인지 모르겠다. 제자삼는교회에 와서 비로소 인생을 바른 눈으로 보게 되었고 나아갈 길과 해야 할 일을 알게 되었다.

"네가 그렇게 힘든데도 나를 떠나지 않겠느냐? 처음 가졌던 마음으로 끝까지 섬기겠느냐?"

언젠가 하나님이 내게 이렇게 물으시는 것 같았다. 그 때 내 마음속에 명확한 답이 떠올랐다.

"부족한 내게 끝까지 힘이 되어주셨고 사랑으로 안아주셨던 하나님을 내가 믿고 아는데, 조금 힘들다고 하나님을 떠나는 일은 있을 수 없어요."

목자로 섬기며 그동안 많은 것을 깨닫고 배웠다. 이제는 세상의 부요와 유혹에 눈길이 가지 않는다. 물론 나의 환경은 지금도 그다지 좋다고 할 수 없다. 여전히 어려움은 계속되고 있다. 하지만 주님 나라를 위해 헌신하며 살아갈 수 있다는 것, 그것 하나만으로 나는 충분히 행복하고 부요한 사람이다.

"사람이 감당할 시험 밖에는 너희가 당한 것이 없나니 오직 하나님은 미쁘사 너희가 감당하지 못할 시험 당함을 허락하지 아니하시고 시험 당할 즈음에 또한 피할 길을 내사 너희로 능히 감당하게 하시느니라." (고린도전서 10:13)

날마다 이 말씀을 마음에 새기며 앞으로 나아간다.

이전 것은 지나갔으니
보라 새 것이 되었도다

남편의 죽음

술을 늦도록 마셨는지 남편은 그날 집에 들어오지 않았다. 아침에 전화가 울렸다.

"119 상황실입니다. 지금 주차장의 차 안에 사람이 누워있는데 와서 확인 좀 해주시겠습니까?"

4월 1일 만우절이었다. 남편 친구들의 짓궂은 장난이라고 생각했다. 그런데, 아니었다. 장난이 아니었다.

현장에 가보았다. 남편 친구의 아내가 주차장 바닥에서 대성통곡하고 있었다. 주차장 안에는 가스냄새가 진동했다. 남편은 차 안에 자는 듯이 누워 있었다. 현실이 아니라 꿈인 것만 같았다.

"술 한 잔 사 주고 갈게. 늦어지면 그 친구네에서 자고 올 거야."

간밤에 남편이 내게 남긴 마지막 말이었다.

남편은 서초동 국제전자센터에서 오디오 매장을 운영했다. 남편 친구가 영업을 도왔다. 그런데 마침 그 친구의 아내가 같은 건물의 식당에서 일했는데 직장을 그만두기로 한 모양이었다. 그날 저녁, 이 부부가 남편에게 술 한 잔을 사달라고 했다. 남편은 거절하지 못하고 승낙했다.

"같이 술을 마시고 우리 집으로 갔어요. 그런데 이 친구가 차에 가서 뭐 좀 가져온다 하더라구요. 차에 들어가 담배 한 대를 피운 모양이에요. 추우니까 히터를 틀어놓고 그대로 잠이 들어서……"

경찰과 나에게 남편 친구는 자초지종을 이야기했다. 가슴이 터져 버릴 것만 같았다. 아무런 말도 나오지 않았다. 실성한 사람처럼 맨바닥에 주저앉았다. 두 뺨으로 눈물이 흘러내려 앞을 볼 수 없었다. 남편은 그렇게 질식사로 하늘나라로 갔다.

"여보, 그동안 고맙고 미안했고 사랑한다."

내 핸드폰에 남아 있는 남편의 마지막 문자 메시지였다. 지난 밤, 그 한 문장을 읽는 순간, 남편의 진심이 느껴졌는데……. 지난 10여년간 속썩였던 남편의 모든 언행을 용서할 수 있었는데……. 결혼 후 처음으로 위로를 받았는데…….

다니던 성당에서 장례 미사를 치렀다. 품에는 네 살 된 막내가 안겨 있었다. 아이 셋을 데리고 어떻게 살아야 할지 막막하고 두려웠다. 울고 또 울었다. 남편이 객지에서 집으로 돌아온 지, 채 2년이 안된 때였다. 남편의 자리, 아빠의 자리를 겨우 찾아가고 있었는데 남편은 그렇게 허망하게 세상을 떠나버렸다.

아범이 저러는 건, 네 탓이지

남편과 나는 같은 직장에서 일하다 사귀었다. 스물다섯 살에 결혼을 했다. 남편의 수입이 많지 않아 맞벌이를 하면서, 5년 동안 시집살이를 했다.

큰아이를 낳고 얼마 안 되었을 때였다.

"장사를 배우고 싶어."

남편은 다니던 직장을 그만두고 세운상가에 있는 한 가게의 직원으로 들어갔다. 1년 뒤, 가게 주인이 남편에게 제안했다.

"가게를 자네가 인수하겠나?"

한편으로 기뻤지만 한편으로 걱정이 되었다. 가게의 권리금이 그 때 돈으로 1억 원이었다. 천만 원도 없는 우리가 어떻게 그 돈을 마련한단 말인가? 그런데 뜻밖에도 길이 열렸다. 친정 엄마의 지인이 선뜻 1억 원을 빌려주었다.

사업은 생각보다 잘되었다. 한 달에 천만 원씩 벌기도 했다. 20여 년 전, 천만 원이라면 지금의 1억 원과 맞먹는 가치였다. 1년 후 빚을 다 갚았다. 2년 후에는 집을 샀다.

남편은 책임감이 큰 사람이라 가족에게 물질적으로 힘들지 않게 해주려고 애썼다. 하지만 그것 때문에 늘 스트레스에 시달렸다. 퇴근이 늦었고 외박도 잦았다. 아이들이나 나한테는 언제나 소홀했다.

큰돈을 벌기 시작하자 남편은 점점 더 다른 사람으로 변해갔다. 어느 날, 남편은 말 한마디 없이 부산으로 가버렸다. 늦둥이인 막내가 돌도 안 지난 때였다. 그런데 팔이 안으로 굽는다고 시댁식구들은 남편의 편을 들었다. 심지어 시어머니는 내 탓을 했다.

"아범이 저러는 것은 다 네 탓이지."

시어머니와 부딪히기 싫어서 시댁에서 멀리 떨어진 일산으로 이사를 했다. 아이들에게는 갑자기 왜 일산으로 이사했는지 자세히 말해주지 않았다.

막내는 아빠 없는 돌잔치를 했다. 돌잔치라고 할 수도 없었다. 친정식구들과 간단히 저녁식사 하는 걸로 대신했으니……. 남편의 빈자리가 너무 컸다.

몇 달 뒤, 시아버지의 부고를 받았다. 부산에서 남편이 올라왔다. 같이 장례를 치렀다. 마침 큰애가 중학교 입학을 앞둔 때였다.

"입학하는 것만 보고 가요. 큰애가 좋아할 거예요."

입학식을 마치고 남편과 대화를 나누었다. 부산에서 뜻대로 사업이 잘 풀리지 않았는지 남편은 힘들게 살고 있었다. 보험약관 대출을 받아 대학교 앞에서 분식집을 한다고 했다. 집에서는 라면 한번 끓여 본 적 없는 사람이었는데 설거지를 얼마나 했는지 주부습진이 걸려 있었다. 그 모습이 안쓰러워 손을 잡아주었다.

"미안해. 어쩔 수 없는 선택이었어. 돌아오면 용서해 줄 수 있겠어?"

그 말에 남편을 용서하기로 했다. 아이들에게 아빠를 찾아주고 싶었기 때문이다. 얼마 뒤 남편은 돌아왔다. 시간이 흐르면 상처도 아물고 모든 것이 제자리를 찾을 것이라 생각했다. 하지만 남편과의 인연은 그것이 전부였다. 15년 세월이었다. 남편을 보내는 마음이 얼마나 아프던지 한동안은 하나님을 많이 원망했다.

"왜 저에게 이런 시련을 주시나요? 제가 무슨 잘못을 했나요?"

성당도 안 나가고 아이들도 보내지 않았다. 외롭고 괴로운 날들이 흘러갔다.

세상에 둘도 없는 VIP

산 사람은 살아야하기에 남편의 사업장을 정리했다. 그리고 내가 할 수 있는 일을 찾아 나섰다. 지인의 소개로 포장박스 인쇄업체를 인수하였다. 처음 해보는 일이라 모든 것을 배워가며 일해야 했다.

매일 야근이었다. 포장박스 생산은 기계가 할 수 있는 일과 수작업으로 해야 하는 일을 따로 나누어야 했다. 손이 거칠어지는 것은 대수도 아니었다. 집안에서 살림만 하던 사람이라 도무지 체력이 따라가지 못했다. 그래도 일을 해 나가야 했다. 수작업이 있을 때는 품삯을 주고 아주머니들을 사서 일을 시켰다. 일보다 사람 다루는 일이 더 힘들었다. 하루하루 지쳐가고 있었다.

어느 날 여고 동창이 전화를 했다. 방화동에 사는 친구였다.

"순옥아, 내 주위에 일할 사람 많은데, 너희 공장에 일자리 좀 마련해줄래?"

"친구야, 생각보다 쉽지 않은 일이야. 그래도 하고 싶으면 한번 와봐."

다음날, 친구가 사람들을 데리고 왔다. 그이들과 함께 일을 하는데 시간가는 줄 모르고 행복했다. 마치 자신의 공장인 양 정성을 다해 일해주는 그이들이 참 고마웠다. 친구가 다니는 제자삼는교회의 식구들이었다.

두세 달이 지났을 때였다. 친구는 그때까지 내가 천주교 신자인 줄 알고 있었다. 하루는 친구가 먼저 말을 꺼냈다.

"순옥아, 이제 성당 그만 다니고 교회에 나가자."

"나 성당 안 다녀."

"그래? 우리 교회에 한번 와볼래?"

그 한마디 말이 귀에 거슬리지 않았다. 그리고 가보고 싶은 마음이 생겼다.

제자삼는교회 주일예배에 참석했다. 예배가 시작되기 전 찬양시간이 꽤 길었다. 성당의 엄숙한 분위기와는 달리 드럼과 기타 반주로 찬양을 하니 마음이 산란했다. 그런데 그때 내 눈에 들어온 모습이 있었다. 친구의 두 아들이 천사 같은 얼굴로 찬양단에서 기타를 연주하고 있었다. 그리고 친구의 남편은 싱어로 찬양을 하고 있었다. 그 모습을 보니 말로 표현할 수 없는 감동이 일었다. 친구네는 남편의 사업 실패로 생활이 넉넉하지 않았다. 그런데 온가족의 얼굴은 더없이 평안하고 즐겁고 행복해보였다. 가진 것으로는 내가 훨씬 부자였다. 그런데 친구는 나보다 마음이 부자였다. 너무 부러웠다. 우리 아이들도 저렇게 천사처럼 키우고 싶다는 생각이 들었다.

친구의 권유에 목장모임에 나갔다. 그런데 목장 식구들이 처음 방문하는 나를 세상에 둘도 없는 VIP로 대해주었다. 성당의 구역 모임과는 전혀 달랐다. 형식적인 모임이 아니었다. 목장 식구들은 사는 것이 고만고만해 보였다. 그리고 얘기를 들어보니 걱정거리가 없는 것도 아니었다. 그런데 한 사람 한 사람이 모두 감사하다고 고백하였다. 충격이었다. 힘든 상황에서 감사한 일을 찾아 기뻐하고 또 서로를 위해 기도하는 모습이 그렇게 아름다워 보일 수가 없었다. 천국이 있다면 이런 모습일 것이라는 생각이 들었다.

목장모임에 한 주 한 주 참석했다. 어느덧 나도 목장 식구들처럼 감사한 일을 찾아 고백하고 있었다. 삶은 변한 게 없었고 환경도 변한 게 없었다. 그런데 생각해 보고 찾아보니, 내 삶에도 감사한 것이 있었다. 있는 정도가 아니라 많았다. 하나님이 나에게도 많은 복을 주고 계시다는 걸 그제야 깨닫게 되었다.

교회 때문에 이사해요?

아들 셋을 모아놓고 가족회의를 열었다.

"얘들아, 방화동으로 이사를 하고 싶구나. 너희들 생각은 어떠니?"

그런데 생각보다 반대가 심했다. 일산에서 10년을 살았으니 그럴 만도 했다.

"친구들이 다 일산에 있어요. 일산이 얼마나 좋은데 교회 때문에 이사해요?"

"집에서 가까운 교회 다니면 되잖아요?"

셋 다 반대였다. 하지만 나의 대답은 흔들림이 없었다.

"엄마는 제자삼는교회가 너무 좋단다. 그리고 행복하단다."

제자삼는교회의 교인으로 등록한 뒤, 모든 생활을 목장과 교회 중심으로 바꾸었다. 금요일 저녁에는 아무 약속도 잡지 않았다. 목장모임을 마치고 일산 집에 오면 자정이 넘었지만 피곤하지 않았다. 그리고 주일에도 막내를 데리고 교회에 가서 예배를 드렸다. 여덟 달 정도 그렇게 지내다가 방화동으로 아예 이사하기로 결심했다.

세상의 시각으로 보면 서울 변두리 방화동보다 일산 신도시가 훨씬 더 살기 좋을지 모른다. 하지만 제자삼는교회가 있는 방화동으로 이사한 것은 영적인 축복을 받고 싶었기 때문이다. 교회 근처에 살면 큰애와 둘째도 교회에 데리고 나갈 수 있겠다는 생각이 들었다. 맘 놓고 새벽기도도 나갈 수 있을 터였다.

이사하는 날은 굉장히 추웠다. 웬만한 사람이면 꼼짝 안하고 집에 들어앉아 있고 싶은 날씨였다. 그런데 교회 식구들이 하나둘씩 따뜻한 커피와 음료를 사들고 왔다. 저녁까지 교회 식구들이 끊이지 않으니 이삿짐 회사 직원들이 놀라며 말했다.

"고객님, 이사하는 날 이렇게 많은 사람들이 음료수 사들고 들여다보는 집은 처음입니다. 고객님은 복이 많으시네요."

그 말을 들으니 더 없이 감사하고 행복했다. 다른 사람들의 눈에 내가 복 많은 사람으로 비쳐지는 것이 신기했다. 혈연보다 더 진한 사랑을 나누는 영적인 가족을 만들어주신 하나님께 많이 감사했다.

청년목장의 목자, 목녀, 청년들도 찾아왔다. 큰애와도 인사를 나누었다. 그런데 신기한 일이 일어났다. 큰애가 마음을 쉽게 열더니 그 주 금요일 청년들의 목장모임에 참석하겠다고 하였다.

큰애는 착하기만 할 뿐, 말수가 적고 숫기가 없었다. 그런 큰애가 목장모임에 나가더니 말수가 많아지고 질문도 생기고 청년들과 잘 지냈다. 청년목장 목자의 말이라면 무엇이든 두말 않고 순종했다. 큰애의 변화는 기적이나 다름없었다. 그동안 큰애를 변화시켜 보려 애썼지만 내 힘으로는 도저히 안 되어서 포기하고 지냈다. 그런데 목장모임에서 큰애는 전혀 다른 사람으로 바뀌어갔다. 금요일엔 목장모임에 꼭 가고 토요일에는 청년들의 찬양단 연습에 빠지지 않는다. 1부 예배, 3부 예배, 초등부 예배의 스크린 사역을 맡아 주일에는 하루 종일 교회에서 살다시피 한다. 따져보면 일주일에 사흘이나 주님을 위해 시간을 내야한다. 그 모든 사역을 즐겁게 감당하고 있으니 참 대견하다.

큰아들에게 주신 복

"아들, 다 챙겼니? 얼른 가자."

큰애와 나란히 아파트를 나섰다. 낮에는 더위가 채 가시지 않았지만 초가을 해질녘 바람은 선선하여 걸을만했다.

"생명의삶 재미있지?"

"네. 지난 시간에는 구원에 대해 배웠어요."

"성경 요약 숙제는 할 만하니?"

"네. 엄마는 새로운삶 어때요?"

특별한 시간이었다. 아들과 어깨를 나란히 한 채, 골목길을 걷는 것이 여간 행복하지 않았다. 큰애와 나는 지난 가을학기 삶공부를 수강했다. 늘 바빠 살아서 아들과 대화할 시간도 없었는데, 삶공부를 하기 위해 교회로 향하면서 대화의 시간을 가질 수 있었다. 대화의 주제는 자연스럽게 삶공부에 대한 것이었다. 아들과 함께 믿음생활에 대해 지적인 목마름을 채울 수 있으니 더없이 좋았다. 암송구절도 외웠다. 아들과 내가 영적인 것에 대해 대화를 나누고 있다는 사실이 정말 뿌듯했다.

성당은 다녀도 교회는 안 나가겠다고 버티던 큰애였다. 그런데 목장모임에 잘 정착하더니, 예수 영접을 했고, 세례를 받았다. 그리고 삶공부를 수강했다. 큰애와의 관계가 풀어지지 않아 힘들었던 시간이 이제는 정말 거짓말처럼 느껴진다. 큰애를 볼 때마다 위로를 얻는다. 아빠 없이 장남으로 커왔으니 큰애도 나와 같은 아픔이 있을 것이다. 나는 중2 때 아버지가 돌아가셨다. 친정엄마는 서른여덟 살에 홀로 되어 우리 4남매를 키웠다. 엄마를 볼 때마다 큰딸로서 그 짐을 나누어 져야 한다고 생각했다. 엄마에겐 친구이자 남편처럼 기댈 수 있는 큰딸이어야 했고 동생들에게는 무엇이든 먼저 양보해야 하는 큰언니였다. 내 어깨에는 항상 무거운 짐이 얹혀 있는 것 같았다. 나처럼, 큰아들도 내색은 안하지만 어깨가 무거울 것이다. 그 짐을 하나님 앞에 내려놓고 목장모임에서 위로를 얻고 청년목장 목자의 동역자로 세워져 가는 모습을 보니 가슴이 뭉클해진다. 제자삼는교회에서만 누릴 수 있는 특별한 위로와 사랑임에 틀림없다.

섬김을 배우다 사랑을 배우다

어느 금요일, 목장식구들을 우리집에 초대했다. 오랜만에 앞치마를 두르고 팔을 걷어 부쳤다. 들뜬 마음으로 청소부터 하기 시작했다. 이윽고 데치고 무치고 볶는 냄새가 집안에 가득 번졌다. 분명히 번거로운 일인데 이상하게 행복했다. 이제야 사람 사는 냄새도 나고 모양새도 갖추는 것 같았다.

다른 사람들은 자신의 집에서 목장모임을 섬겨도 나는 할 수 없으리라는 생각을 줄곧 했다. 10년 가까이 친구나 지인을 초대해 본 적이 없으니 두려움만 앞섰다. 하지만 용기를 내었다. 아니, 용기를 낼 수 있도록 하나님이 말씀으로 내 마음을 그렇게 만져주셨다.

"두려워하지 말라. 내가 너와 함께 함이라. 놀라지 말라. 나는 네 하나님이 됨이라. 내가 너를 굳세게 하리라. 참으로 너를 도와주리라. 참으로 나의 의로운 오른손으로 너를 붙들리라." (이사야 41:10)

섬기고 나니 마음이 가뿐했다. 날아갈 듯했다. 일산에서는 몇 번 섬기지 못했지만, 방화동으로 이사 오고 나서 한 달에 한 번씩 꼭 목장모임을 섬긴다. 나는 남들이 요리하기 어려워하는 족발이라든가 닭발, 감자탕 같은 요리를 잘한다. 목장에서 이런 음식을 선보이면 목장 식구들이 감탄사를 연발한다. 그 기쁨에 힘든 줄 모르고 즐거운 마음으로 요리를 하게 된다. 하나님은 그렇게 두려움을 물리쳐 주시며 나에게 섬길 수 있는 힘을 주셨다.

하나님이 주신 복 중에 가장 큰 복은 나의 생각을 바꿔주신 것이다. 환경은 그대로인데 생각과 마음을 바꿔주셔서 삶의 평안을 누리게 해 주셨다. 이전에는 세상에 나만큼 불행한 사람이 없다고 생각했는데 나보다 더 어려운 사람들을 보게 하셨고 지금의 처지에 감사하게 해 주셨다.

십일조의 복도 경험하게 해 주셨다. 작년에 경기가 안 좋아 다들 힘들다고 했지만 우리 사업장에는 일이 끊이지 않았다. 나 혼자 벌어서 대학생 둘과 중학생 아들을 키운다는 것이 쉽지는 않다. 하지만 주님은 다 채워주셨다. 그야말로 넘치도록……. 교회에 안 나갈 때는 십일조, 주일헌금, 감사헌금이 지출이 안 되었는데 지금은 그만큼 지출이 더 되고 있다. 세상에서 계산하는 방식이라면 적자가 나야 한다. 그런데 통장에 돈이 남아 있다. 아이들 셋을 키우면서 빚지지 않고 살 수 있는 것이 너무 감사하다.

우리 가족이 구원을 받고 보니 영혼을 구원한다는 것이 얼마나 기쁘고 귀한 일인지 알게 되었다. 그래서 이웃 공장의 직원을 목장으로 초대하여 섬기고 있다. 이제 내 사업장은 먹고 살기 위해 돈을 버는 곳이 아니라 영혼을 만나 전도하는 장소가 되어가고 있다.

사업장이 영혼구원의 도구로 쓰임받기를 소망하니, 하나님께서는 사업장의 확장을 허락해 주셨다. 지난달에 방화동에 수작업 전용 부업장을 개업하였다. 제자삼는교회 식구들이 중심이 되어 일하다 보니 그리스도인으로서 좋은 모습도 보이고 있다. 아직 하나님을 모르거나 예수님을 안 믿는 분들이 일하러 오면 성도들의 모습이 너무 평안하여 보기 좋다고 칭찬을 해준다. 목장 얘기를 하면 목장이 뭐냐며 관심을 갖고 질문한다. 자세히 설명해주고 놀러오라고 초대하고 있다.

"그런즉 누구든지 그리스도 안에 있으면 새로운 피조물이라. 이전 것은 지나갔으니 보라, 새 것이 되었도다" (고린도후서 5:17)

처음 목장모임에 왔던 내 모습을 다시 떠올려본다. 도무지 감사한 것을 찾을 수 없었고 무슨 이야기를 해야 할지 몰라 듣기만 하였던 나. 그런데 헤아려 볼수록 지금의 나는 부족한 것이 없다. 모든 것이 감사하고 행복하다.

좋으신 하나님을 만났다. 은혜가 넘치는 교회를 만났다. 영성이 깊은 목회자를 만났다. 사랑이 가득한 영적인 식구들을 만났다. 그러니 자신 있게 말할 수 있다. 나는 세상에서 가장 행복한 여자이다.

한 사람의
인생을 바꾼
따뜻한
밥 한끼

세 명의 가장이 있습니다.
동업하던 친구의 배신,
늘 발목을 잡는 건강 문제,
열심히 했건만 인정받지 못하는 괴로움…….
그들이 하나님을 의지했습니다.
일터에서 받는 시련과 어려움은
하나님 안에서
더 이상 문제가 되지 않았습니다.
연약함을 인정하고
하나님께 나아간 그들은
오히려 능력을 베푸시는 하나님을 경험하였습니다.

일터의 가장들

일터에서 만나는 하나님

연약한 몸이 은혜의 통로가 되어

말썽꾸러기에게 찾아오신 예수님

일터에서 만나는 하나님

먼저 해야 할 일

솔직히 나부터 목장모임에 빠지고 싶었다. 그런데 목자이니 그럴 수 없었다. 아내에게 미안했다. 아내가 목장과 관련된 거의 모든 일을 다 하고 있었으니까. 목장모임 분위기를 즐겁게 만들려고 아내가 애쓸 때 나는 구경만 했다. 누군가 힘들어 해도 아내가 위로해 주니까 나는 구경만 했다. 그러니 목자로서 위신을 세우려면 목장모임에 성실하게 참석하는 모습이라도 보여주어야 했다.

하지만 그것마저 쉽지 않았다. 내 일은 엑스포 같은 대규모 행사장의 전시관 영상과 음향을 다루는 일이다. 해외업체들을 상대로 하기에 금요일이 제일 바쁘다. 목장모임 시간에 맞추기 위해 금요일마다 칼퇴근을 하려니 머리가 복잡했다. 믿지 않는 친구들은 놀러 가는데 그렇게 하지도 못했다. 직장을 다니며 대학원 공부까지 하고 있었으니 산더미같이 쌓인 학교 과제를 대신 해줄 사람도 없었다. 일주일 동안 쌓인 피로를 생각하면 쉬고 싶은 생각이 간절했다.

"하나님 아버지, 도와주세요."

마침내 이 문제를 놓고 새벽에 기도했다. 하나님이 지혜를 주셨다. 할 일이 너무 많아 우왕좌왕 하는 나에게 하나님께서 말씀으로 깨닫게 해주셨다.

"너희는 먼저 그의 나라와 그의 의를 구하라. 그리하면 이 모든 것을 너희에게 더하시리라." (마태복음6:33)

'먼저'라는 말이 마음 깊이 와 닿았다. 미리 순서를 정해서 먼저 해야 할 일들을 처리해 나갔다. 월요일부터 목요일까지 야근을 했다. 스케줄 전부를 금요일에 맞춰서 조정해 나간 것이다. 쉽지는 않았다. 직원의 신분으로 회사 MT 일정을 주말에서 주초로 바꾸는 일이 쉽겠는가? 바이어들과의 미팅 일정을 직원 마음대로 조정하기가 쉽겠는가? 안될 것 같았는데 기도하니 하나님께서 될 수 있도록 해주셨다.

그 즈음 국립과천과학관 프로젝트를 담당하고 있었다. 회사에서 아무런 지원을 받지 못한 채 혼자 그 일을 감당했다. 낮에는 열세 군데 업체를 돌아다니며 미팅을 하고 밤에는 도면을 그리고 내역서를 작성했다.

모든 미팅은 금요일 여섯 시 이전에 마치도록 조정했다. 내 코가 석 자라 그렇게 한 것이다. 그런데, 고객들이 더 좋아했다. 놀러가야 할 금요일에 일을 마쳐주니, 그이들은 놀러 가서 좋았고 나는 목장모임에 올 수 있어서 좋았다.

쿠웨이트 프로젝트

그렇게 열 달이 흘렀다. 2008년 3월, 쿠웨이트 초등학교 1,050 곳에 영상시스템을 설치하는 프로젝트가 있었다. 과천과학관 일과 병행하면서 사전 준비를 다 끝냈다. 계약을 위해 출국을 앞두고 있었다. 비행기 티켓을 확인하니 돌아오는 비행기가 오픈항공권으로 되어 있었다. 다시 말해 언제 돌아올지 모르는 스케줄로 잡혀 있었다. 더욱이 출발 시각은 금요일 밤 12시였다.

'도착하면 토요일이고 주일은 일을 못할 게 분명한데 이를 어쩌지?'

사장님을 설득해야 했다. 아니 협박했다.

"화요일까지 계약하지 못하면 이 사업은 계속 끌려 다니다가 망할 수 있습니다."

월요일과 화요일에 계약하고 목요일에는 무조건 돌아와야 한다고 말했다. 그렇게 큰소리 칠 수 있었던 것은 목장 식구들과 교회 식구들이 기도해 줄 것을 믿었기 때문이다.

금요일 밤 비행기로 출발했다. 열여덟 시간 남짓 걸려서 쿠웨이트에 도착했다. 시차는 여섯 시간, 현지는 토요일 밤이었다. 세계 어느 나라라도 토요일과 주일은 쉬는 날이다. 이틀 동안 아무 일도 못할 것을 생각하니 시간이 너무 아까웠다. 그런데 그것은 나의 무지였다. 중동에서는 목요일이 우리의 토요일과 같은 주말 개념이고 금요일은 나라 전체가 쉬는 날이었다. 다시 말해 내가 도착한 토요일이 중동에서는 월요일 같은 날이었다.

토요일 밤부터 주일 이틀간 릴레이 협상을 했다. 그리고 월요일 아침 계약서에 도장을 찍었다. 사장님한테 돌아오는 비행기를 바로 예약하자고 했다. 그렇게 해서 인도를 경유하여 다른 업체와 미팅을 하고 금요일에 인천공항에 도착했다. 기분 좋게 목장모임에 참석했다. 목장모임에 마음을 두니 하나님께서 모든 일을 일사천리로 해결해주신 것이다.

이 일로 회사에 많은 수익을 내어 인정을 받았다. 사장님이 말했다.

"일이 잘되어서 할 말은 없지만 자네가 말 한대로 되니 참 희한하네."

목장 식구들에게도 자신 있게 말했다.

"우선순위를 목장모임에 두면 하나님께서 불가능한 것도 이루십니다."

나를 본보기로 그렇게 인도하셨으니 자신 있게 얘기할 수 있었다.

쿠웨이트 프로젝트에서 생긴 수익으로 국립과천과학관 프로젝트를 진행했다. 국립과천과학관 일은 설계하는 데만 아홉 달이 걸렸다. 전체

여섯 개의 전시관 중에서 다섯 개의 전시관, 열세 개 업체와 계약하였다. 현장을 개설할 때는 사무실이 없어서 컨테이너 박스 하나를 배정받아 시작했다. 여섯 달을 지내면서 필요할 때마다 하나님이 지혜를 주셨기에 그토록 큰 성과를 낼 수 있었다.

이렇게 바쁜 때에 어딜 가요?

아내한테서 전화가 왔다. 전날 부부싸움을 한 뒤였다. 우리는 어지간해서는 안 싸우는데 만약 싸웠다면 거의 대부분 나의 잘못 때문이다. 일을 하다말고 전화를 받았기에 내용을 다 알아들을 수 없었다. 기억나는 말은 딱 한마디였다.

"어떻게 할 거에요?"

거절할 수 없는 분위기라는 것을 직감했다.

"알았어. 그렇게 해."

대답을 해놓고도 도대체 내가 무엇에 동의한 것인지 몰랐다. 내용이 궁금했다. 집에 와서 확인을 해보니 평신도 세미나에 참석하라는 것이었다. 목요일부터 주일까지 3박 4일 일정이었다. 약속을 했으니 가긴 가야 하는데, 사장님의 허락이 필요했다.

"목요일 금요일 토요일 휴가를 내겠습니다."

"이렇게 바쁜 때에 어딜 가요?"

그때 우리 회사는 인천도시축전 전시관 계약을 앞두고 있었다.

"안 됩니다. 꼭 가야 합니다. 가기 전에 모든 일을 끝내겠습니다."

가기 전날, 사표를 썼다. 사장님이 못 가게 하면 사표를 던지고 나올 작정이었다. 어디서 그런 배짱이 나왔는지 지금 생각해도 놀랍다.

"다녀오겠습니다."

사장님은 본체만체 하였다. 평신도 세미나의 모든 일정을 마치고 월요일 출근했다.

"예수 믿는 사람이 막 나가서야 되겠습니까?"

사장님이 출근하면서 나를 불렀다.

'올 것이 왔구나.'

회사를 그만둘 때가 되었다고 생각했다.

"잘 다녀왔어요?"

뜻밖에도 부드러운 어조였다.

"이거 타고 다녀요."

사장님이 건네준 것은 당신이 몰던 승용차 그랜저의 열쇠였다. 무슨 상황인지 이해가 되지 않았다. 하지만 틀림없이 좋은 일이었다. 피식피식 웃음이 나왔다.

첫 번째 시련

2010년 상하이 엑스포의 모로코 파빌리온 프로젝트가 주어졌다. 늘 그랬듯이 목장모임을 중심으로 모든 스케줄을 맞추고 일을 진행했다. 회사는 나더러 2월부터 5월까지 중국에 나가서 일을 진행하라고 했다. 이번에도 사장님께 사정을 말해야 했다.

"저는 금요일마다 서울로 돌아와야 합니다."

"비행기 표를 매주 사줄 수는 없네."

서운했다. 이 프로젝트를 성사시킨 사람이 나인데 어떻게 이런 대우를 하느냐고 따지고 싶었다. 하지만 묵묵히 참았다. 안 되면 내 돈을 내더라도 비행기를 타고 오고갈 마음을 먹었다. 평소라면 왕복 항공료가 20만원 정도인데, 엑스포 개막 전 두 달 동안 항공료가 딱 두 배로 올랐다. 서울과 상하이를 열여섯 번 오고가야 하니 만만한 액수가 아니었다. 그렇지만 돈보다 중요한 것이 목장모임이었다. 마음먹은 대로 금요일 아침에 서울에 와서 주일 사역을 다 마친 다음, 밤 비행기로 상하이로 돌아갔다. 주중의 닷새 동안 엄청난 분량의 일을 해내었다. 동료들이 안쓰러운지 한마디씩 던졌다.

"뭐 그렇게 중요한 일이라고 내 돈 내면서까지 그렇게 하고 다니냐?"

"내게는 사역하는 것이 당연하고 더 중요해."

그렇게 하나님을 위한 사역을 우선 순위에 두고 두 달 동안 일했다.

하나님이 그런 내 중심을 보시고 또 선물을 주셨다. 전세계 전시관 중에서 Creative Multimedia System 분야에서 우리 회사가 최고상을 수상했다. 사장님이 미안했던지 슬그머니 항공료를 다 지불해 주었다. 일터에서 만난 나의 하나님은 늘 그런 식이었다. 최고로 일하게 하시고 최고의 것으로 갚아 주셨다.

그렇지만 모든 일이 순탄하게 흘러가지는 않았다. 어느 순간, 홀로 서 있는 느낌을 받을 때가 있었다. 주위에 아무도 없는 것 같고, 의지할 데 없이 막막한 자리에 있는 것처럼 느낄 때가 있었다.

상하이엑스포 프로젝트를 성공적으로 끝낸 2011년에 그와 같은 시련이 찾아왔다. 우리 회사의 멀티미디어 사업부는 매년 상당한 매출을 올리고 있었다. 그런데 느닷없이 회사가 우리 부서에 철회 명령을 내렸다. 우리 부서의 모든 직원이 회사를 그만두었다. 이러한 상황에서 할 수 있는 일은 하나님께 어떻게 해야 하는지 물어보는 것이었다. 그때에 하나님께서는 아브라함에게 하신 말씀을 떠올려주셨다.

"여호와께서 아브람에게 이르시되 너는 너의 고향과 친척과 아버지의 집을 떠나 내가 네게 보여 줄 땅으로 가라" (창세기 12:1)

뜻을 함께 하는 동료들을 불러 모았다. 그리고 멀티미디어 회사를 설립하였다. 우리의 꿈은 이 분야에서 걸출한 크리스챤 기업을 만드는 것이었다. 하지만 그 시작은 너무나 힘들었다. 우리를 내보낸 사장님은 우리가 의기투합하자 이를 시기하여 법적인 대응에 들어갔다. 업계에도 나쁜 소문을 퍼뜨렸다. 영업은 타격을 입었고 계약이 전혀 이루어지지 않았다. 반박 서류를 준비하여 맞대응을 하려고도 하였다. 그런데 새벽에 기도를 하니 하나님이 그러지 말라고 하셨다.

"가만히 아무것도 하지 말고 기다리라."

순종했다. 법정에 나가 진술도 해야 했다. 가압류 서류가 집으로 날아오기도 했다. 집주인에게도 서류가 갔다. 세입자 때문에 자신의 집에 이런 서류가 날아온다면 어느 주인이 좋아하랴. 당장이라도 무슨 조치를 할 줄 알았다. 다행히 주인은 아무런 말이 없었다. 모든 상황이 복잡하기만 하고 어느 것 하나 명쾌하게 풀리는 것이 없었다. 경제적으로도 바닥이었고, 나아가야 할 길은 사방으로 막혀 있는 것 같았다.

그런데 이상한 일이 일어났다. 이전 회사 사장님한테서 연락이 왔다.

"내가 잘못했네. 내 행동을 후회하네."

그리고 모든 법적 서류에 관련된 부분을 다 취하했다. 더 이상 어떠한 문제도 일으키지 않겠다는 합의서도 써 주었다. 법적 문제가 모두 해결되니 경제적인 문제도 바로 해결되었다. 그때 내가 깨닫고 느낀 것이 있다. 어떠한 상황에도 믿음을 잃지 않고 기다리면 하나님이 모든 일을 해결해 주신다는 것을…….

곧바로 열 개 국가의 프로젝트에 관여할 수 있었다. 그리고 우리 회사를 좋게 봐주던 한 업체를 통해 국내 프로젝트 계약도 성사가 되었다. 하나님께 고백하지 않을 수 없었다.

"주님은 나의 도움이십니다. 나는 오로지 믿음으로 순종합니다."

하나님은 나로 하여금 기다림의 시간을 지나게 하셔서, 모든 것이 하나님의 통제 아래 있음을 깨닫게 해 주셨다. 내 힘으로 노력하고 애쓴다고 해서 꼬였던 문제들이 풀어지는 것이 아니었다. 하나님이 주도권을 가지고 간섭하실 때, 가장 선한 방법으로 가장 좋은 때에 자연스럽게 해결된다는 것을 알았다. 혼자인 것처럼 느껴지는 순간에도 하나님은 나와 함께 계셨고 결코 혼자가 아니었던 것이다.

두 번째 시련, 동업

상하이엑스포가 끝나고 2011년 여수엑스포를 준비하고 있었다. 한 친구와 동업을 결심했다. 내가 일하는 모습과 하나님께서 기적처럼 이루어주신 일들을 곁에서 다 지켜본 친구였다. 목장에도 방문한 적이 있고 월요일마다 주일 설교를 전해주면 귀 기울여 듣던 친구였다. 집이 방화동과 너무 먼 탓에 제자삼는교회에 다니지는 못했지만, 집 근처의 교회에 다니기 시작했다. 세례 받으라고 권하니 그 교회에서 세례도 받았다. 한 영혼을 구원했다는 기쁨이 이루 말할 수 없이 컸다.

그 즈음 기도하는 가운데 하나님이 두 가지 말씀을 주셨다.

"여호와께서 아브람에게 이르시되 너는 눈을 들어 너 있는 곳에서 동서남북을 바라보라. 보이는 땅을 내가 너와 네 자손에게 주리니 영원히 이르리라." (창세기 13:14-15)

"내게 능력주시는 자 안에서 내가 모든 것을 할 수 있다." (빌립보서 4:13)

동업은 순탄치 않았지만, 하나님이 함께 해주시는 사업이라는 생각에 열정을 쏟았다. 자금이 없어서 받을 수 있는 대출을 모조리 받았다. 타고 있던 승용차도 팔아서 회사 설립 자금에 보태었다.

하나님께서 직접 인도하시는 기업을 만들고 싶어서 월요일마다 회사에서 예배를 드렸다. 드디어 하나님의 축복이 밀려오기 시작했다. 여수 엑스포에서 한화 아쿠아플라넷과 벨기에 파빌리온을 계약하였다.

사업은 승승장구하였다. 승용차도 더 좋은 것으로 바꾸었다. 사옥도 샀다. 사무실도 아주 예쁘게 꾸몄다.

2012년 사옥 단장을 끝내고 목사님을 모시고 예배를 드렸다.

"그들이 엘림에 이르니 거기에 물 샘 열둘과 종려나무 일흔 그루가 있는지라. 거기서 그들이 그 물 곁에 장막을 치니라." (출애굽기 15:27)

목사님은 출애굽기 구절을 읽어주었고, 덧붙여 말씀했다.

"이곳이 엘림이니 여기에 만족하지 말고 가나안을 향해 가야 한다."

사옥까지 마련하고 보니 '지금 여기'가 너무 좋은데, 목사님은 여기에 만족하지 말라는 말씀을 주었다. 이해가 되지 않았다. 하지만 1년 뒤에 하필 왜 그런 말씀을 주었는지 그 이유가 서서히 나타나기 시작했다. 친구의 마음이 변하기 시작한 것이다. 엄연히 동업인데 자기가 사장을 하겠다고 나섰다.

'내가 전도한 친구인데 어떻게 이럴 수 있지?'

많은 생각들이 스쳤다. 갈등은 쉽게 풀어지지 않았다. 마침내 모든 것을 다 내려놓고 회사를 나왔다. 엄청난 빚만 짊어진 채……

한동안 충격으로 아무 것도 하지 못했다. 어디서부터 무엇이 잘못 되었는지 찾을 수가 없었다. 퇴사 후 1년이 넘도록 아내에게 생활비를 주지 못했다. 그 즈음 아내도 청년목장의 목자로 세워졌기에 우리 가정이 목장 두 개를 섬겨야 했다. 수입은 전혀 없는데, 매주 엄청난 양의 식사를 준비해야 했으니, 정말 많이 힘들었다. 나보다 아내가 더 힘들었을 것인데 아내는 내색을 하지 않았다. 매번 나를 더 위로했다.

드디어 하나님의 응답을 확인하고 다시 회사를 설립하였다. 마침 전주에 한국전통문화전당 프로젝트가 있어서 입찰에 도전했다. 늦어도 3월에는 결과가 발표될 줄 알았다. 그래야 일정을 맞출 수 있었다. 3월이 지나고 4월이 지나고 5월이 되어도 아무런 연락이 없었다.

5월 전교인 수련회를 앞두고, 드디어 소식이 들려왔다. 좋은 소식은 아니었다. 계약 대상에서 나는 처음부터 제외되어 있었다고 했다. 회사 규모가 너무 작아 큰 공사를 맡길 수 없다는 이유였다. 머리가 복잡했다. 하지만 업무는 잊어버리고 온 마음과 정성을 다해 수련회를 섬겼다.

수련회가 끝난 다음 주, 드디어 계약이 이루어졌다. 하나님이 움직여 주신 것이다. 나는 그 시간에 계약을 위한 로비를 한 것이 아니라 교회를 섬겼을 뿐이다. 그런데 하나님이 모든 상황을 바꿔주셔서 계약이 이루어지도록 해주셨다. 하나님의 은혜로 그 프로젝트는 착착 잘 진행되고 있다.

사명자가 그리는 그림

나는 2년제 대학에서 공부했다. 그런데 결혼하고 나서 어느 날 아내가 넌지시 말하였다.

"나는 당신이 교수가 되었으면 좋겠어."

'교수는 아무나 하나? 돈 벌어야지, 언제 공부하냐구?'

헛웃음만 나왔다. 그런데 언젠가 교회에서 성경퀴즈 대회가 열렸다. 2년 거푸 내가 1등을 했다. 그때 생각했다.

'아, 내가 아직 공부머리가 있나 보다.'

그래서 일하면서 다닐 만한 학교가 있는지 알아보았다. 군대에 있을 때 기사 자격증 두 개를 취득했는데 희한하게 그 해에 그 자격증으로 학점을 인정받을 수 있었다. 그리고 계절 학기를 들으며 학사학위를 취득했다. 이듬해에 단국대 대학원에 입학했다. 상하이 엑스포 프로젝트를 진행하면서 논문을 썼고 학위를 받았다. 지금 생각하면 기적이었다. 가장 바쁜 때에 공부하고 논문도 썼으니 하나님이 능력을 주셨기에 가능했다. 아내의 소망을 하나님이 아셨는지, 계원대학교에서 특강 초청을 받아 강의도 했다.

목사님이 언젠가 이런 말씀을 하였다.

"예수님을 영접하고 새롭게 거듭난 사람에게 하나님은 새로운 소원을 주신다. 그것은 가치 있는 삶을 살고 싶은 소원이다. 그것이 바로 사명이다. 하지만 그 가치 있는 삶은 저절로 주어지는 것이 아니다. 그만한 대가를 지불해야 한다. 목장 사역도 많은 대가를 지불해야 한다."

그 말에 큰 감동을 받았다. 하나님께서 나를 부르시고 소원을 주시고 그 소원을 이룰 수 있도록 일하고 계시니 나는 사명자로 살 것이다.

일터에서 일어난 많은 일로 하나님은 항상 나와 함께 계신다는 사실을 여러 번 가르쳐 주셨다. 앞으로 어떤 시련이 닥쳐와도 두렵지 않다. 하나님만 의지하고 하나님이 열어주시는 길을 따라 묵묵히 걸어가노라면, 그 길 끝에서 다시 오실 주님을 뵐 수 있을 것이다. 생각만 해도 기쁘고 감사하다.

연약한 몸이 은혜의 통로가 되어

의료 사고

군대에서 허리를 다친 뒤로 허리가 안 좋았다. 앉은 자세로 야근하면 항상 허리에 무리가 왔다. 결혼 전부터 회사 근처 한의원에서 수기로 치료하는 추나 치료를 받고 있었다.

"여보, 미안해. 나 꼼짝할 수가 없어. 병원에 가야 할 것 같아."

전날에도 허리치료를 받았다. 집으로 돌아올 때 다른 날보다 많이 불편했다. 그런데 다음날 아침, 온몸이 마비되어 꼼짝할 수 없었다. 한발짝도 걸을 수 없었다. 아내가 놀라서 많이 울었다.

누나가 연대 세브란스병원에 근무하고 있던 때라, 누나의 도움으로 영동 세브란스병원에서 긴급 수술을 받을 수 있었다.

"3번 4번 디스크가 터졌습니다."

허리 치료분야의 권위자라 불리는 의사 선생님이 수술을 담당했다. 주변에서는 비수술 치료를 권했지만 선택의 여지가 없었다. 수술하지 않고 회복되는 데는 수개월이 필요했다. 더욱이 낫는다는 확실한 보장도 없었다. 직장생활을 계속하려면 어떻게든 빠른 시간 안에 치료해야만 했다.

수술은 잘되었다. 그리고 새로운 사실을 알게 되었다. 수술한 디스크는 멀쩡한 디스크가 터진 것이었고 내게 이미 퇴행성 디스크 질환이 있다는 사실을……. 의사 선생님은 거듭 주의를 주었다.

"나이에 비해 퇴행이 심하니 각별히 신경 써야 합니다."

직장에서 배려를 해주어 두 달 동안 병가를 내고 회복 기간을 가질 수 있었다. 회복도 잘 되었고 다시 직장으로 복귀했다.

문제가 하나 남아 있었다. 한의원과의 합의 문제였다. 주변에서는 꽤 이름난 한의원이었다. 그런데 끝내 자신들의 실수를 의료사고라고 인정하지 않았다.

"도의적인 부분이 있으니 물리치료를 해드릴게요."

한의원의 제안을 어떻게 받아들여야 할지 난감했다. 이번에도 누나에게 도움을 청했다. 의료사고 심사청구를 했고 몇 번의 조사가 있었다. 그리고 꽤 큰 금액을 보상받았다.

마침 전세 재계약을 해야할 때였다. 집주인이 올려달라고 한 금액을 듣고 웃음이 나왔다. 신기하다는 생각도 들었고 다행이라는 생각도 들었다. 집주인이 보상금액을 알 리가 없을 텐데 딱 보상금만큼 전세금을 올려달라고 했던 것이다.

이듬해 아내가 작은애를 임신했다. 큰애 때도 그랬지만 아내의 입덧은 심하다 못해 요란했다. 외출을 할 수 없는 지경이었다. 큰애까지 돌보면서 입덧을 해야 하니, 아내에겐 감옥살이가 따로 없었다.

설상가상으로, 장인 어른이 불의의 사고로 소천하시고 처할머님도 노환으로 소천하셨다. 하루 차이로 두 분이 천국에 가시는 바람에 아내가 몹시 힘들어 했다. 우울증 증세를 보이기 시작했다.

어느 날 아내가 말했다.

"나, 교회에 갈래요. 교회에 가면 마음이 안정될 것 같아요."

아내에게 미안했다. 아내는 모태신앙인이었고 함께 교회에 다니는 것이 결혼 조건이었다. 학생 때 내가 세례를 받았다는 사실 때문에 장모님이 결혼을 허락해 주었고 결혼 후에 교회를 다니겠다는 약속도 했다. 그런데 살면서 이런 핑계 저런 핑계를 대며 약속을 지키지 못하고 있었던 것이다.

집 근처의 교회를 몇 군데 가보았다. 그런데 딱히 마음에 드는 교회가 없어 이러지도 못하고 저러지도 못한 채 시간이 흐르고 있었다.

영적인 가족

그 무렵 아내에게 말동무가 생겼다. 나의 오랜 친구가 방화동에 살고 있었는데 그 친구의 아내가 전화도 하고 우리집에 찾아오면서 말동무가 되어 주었다.

"그런데 그이가 뭔가 달라졌어요. 활기가 넘치고 얼굴이 밝아졌어요"

아내는 그이를 변화시킨 모임에 대해서 궁금해 했는데 그게 바로 목장이었다. 목장이라는 말을 처음 들었을 때 의아했다.

"목장이 뭐야? 대관령 목장이야?"

아내의 말을 들어보니, 구역예배를 그렇게 다른 이름으로 부르는 것 같았다.

그이는 아내에게 방화동으로 이사 와서 함께 목장모임에 나가자고 권유했다. 아내는 이사하기로 마음을 굳혔다.

이사한 뒤, 아내와 함께 목장모임에 갔다. 그런데 아내의 말은 사실이었다. 정말 오랜만에 여러 사람들과 좋은 시간을 보냈다는 생각이 들었다. 무엇보다 아내가 즐거워하니 좋았다. 한편으로 마음이 짠했다. 분명 결혼 전 모습이 그러하였는데 내가 힘들게 만들어 놓은 것 같아서 여러 생각이 교차했다.

그동안 아내는 하루 종일 나만 기다리는 해바라기였다. 그런데 아내와 아이들을 돌봐주는 목장식구들이 생겨나니 아내는 더 이상 혼자가 아니었다. 몇 번의 목장모임에 참석하고 나서 목장에 등록했고 제자삼는교회에 등록했다.

시간이 흐르면서 목장은 어느새 새 가족이 늘어갔고 분가가 필요했다. 우리에게 직접 말하지는 않았지만 많은 분들이 우리 부부를 예비목자와 예비목녀로 세우고 싶어 하는 것을 눈치 챌 수 있었다.

'아니야. 아직 준비가 안 되었어. 사람이 많아졌다고 밀어내기 식으로 분가를 하면 안 되지.'

나는 논리적이고 이성적인 성격이라 앞뒤를 생각하며 계속 따져보았다. 회사일도 신경 쓸 것이 많았기에 목자로 헌신하는 것은 나중으로 미루는 것이 옳다고 판단했다.

2012년 2월, 회사에서 사활을 건 반도체 제품을 개발하는 데 마지막 힘을 쏟고 있었다. 허리가 다시 문제를 일으켰다. 자고 일어나면 통증이 더 심해졌다. 하지만 치료를 미룰 수밖에 없었다. 제품 개발은 잘 끝났다.

4월, 기어이 디스크가 터졌다.

"수술하셔야 합니다."

"수술할 상황이 아닙니다."

누구보다 갑갑한 사람은 나였다. 그런데 다행이었다. 하나님이 좋은 의사 선생님을 만나게 해 주셨다.

"신경 성형술이라는 시술이 있는데 한번 시도해 보죠."

시술은 복잡하지 않았다. 직장에서 두 달 남짓 다시 휴가를 주었다. 회복하는 데 무리가 없었다. 하나님께 감사했다. 시술과 회복이 하나님이 내게 준 특별한 은혜인 것을 알았다. 그런데 지금 생각하면 얼마나 어리석었는지……. 무엇 때문에 그런 은혜를 주셨는지 제대로 깨닫지 못했던 것이다. 헌신하고 사역하는 데 부족함이 없도록 길을 열어주신 것인데, 나는 오히려 시술을 핑계 삼아 목자 헌신을 다시 미루었다.

8월이 되었다. 몸이 어느 정도 회복되고 회사에 복귀해 업무를 이어 나가고 있었다. 마침 교회 수련회가 있었다. 참석하는 게 조금 부담 되었지만 컨디션도 좋았고 스스로 조심하면 될 일이었다.

수련회 마지막 날 아침, 몸에 이상 징후가 느껴졌다. 찌릿찌릿 전기가 오는 통증이 시작되었다. 불안한 마음이 커졌다. 별일 아니기만 바라며 집에 돌아와 누웠다.

새벽이 되니 통증이 더해갔다. 참고 참다가 급기야 아내를 깨웠다.

"여보, 안되겠어. 못 참겠어. 이번엔 너무 아파."

부축을 받아 병원으로 향했다. 디스크가 다시 터져 있었다. 눈앞이 깜깜했지만 다른 생각을 할 겨를이 없었다. 지금까지 경험해 보지 못한 극심한 통증이었다.

수술이 급했다. 그런데 수술실이 잡히지 않았다. 몰핀과 같은 마약성 진통제로도 소용이 없었다. 하루 하고도 반나절 동안 통증을 참아내야 했다. 아무 생각이 없었다. 어서 이 고통의 순간이 넘어가기만을 간절히 바라고 있었다.

베드로의 눈물

수술을 받았다. 수술은 잘되었다. 하지만 다발성으로 터진 디스크 때문에 훨씬 많은 회복시간을 필요로 했다.

"수련회에는 왜 따라가서 그런 일을 당하냐?"

믿지 않는 친구들과 주위 사람들이 나의 부주의함을 탓했다. 그 말을 들으니 그리스도인으로서 주위에 좋은 영향력을 미치지 못했다는 생각이 들었다. 마음이 아팠다.

'나의 불찰로 하나님을 욕 먹이는구나.'

하지만 그런 생각도 잠시 들었을 뿐이다. 시간이 지날수록 오히려 하나님을 향한 서운함과 원망이 쌓여갔다.

어느 토요일, 원목실에 있는 집사님이 병실을 방문했다.

"교회에 다니시면 내일 예배에 참석하세요."

"보다시피 움직이는 게 불편합니다. 못 갑니다."

"이동식 침대에 누워 오셔도 됩니다."

"그렇게까지 하고 싶진 않습니다."

"그럴수록 믿음으로 극복하고 하나님 앞에 예배를 드려야 합니다."

믿음이라는 말에 그 순간, 내 안에서 불쑥 치밀어 오르는 것이 있었다.

"상황이 되어야 예배를 드릴 수 있는 것이죠. 지금 제가 계속해서 디스크가 터져서……."

그 집사님과 실랑이 아닌 실랑이를 하기 시작했다. 집사님은 병실을 나가면서도 끝까지 권유하였다.

"그래도 믿을 곳은 오직 주님뿐입니다."

그 집사님이 나간 뒤에 시간이 흐를수록, 마음에 불편함이 밀려왔다. 곧이어 죄송함과 부끄러움이 밀물처럼 밀려왔다. 한없이 눈물이 흘렀다.

'내가 왜 그랬을까? 하나님을 사랑한다고 하지 않았나? 지켜주셔서 감사하다고 하지 않았나? 베드로가 흘렸던 눈물이 이런 것이었을까?'

주일에 병원 교회에서 예배를 드렸다. 예배를 드리며 마음 깊이 회개하였다. 그리고 병실에서 성경을 열심히 읽었다.

한 달 동안 병원에서 지내다 퇴원하였다. 완치는 아니었지만 퇴원할 수 있는 것만으로도 감사했다. 하지만 길고 긴 재활 치료가 남아 있었다. 재활 치료 기간 동안 회사일을 어떻게 해야 할지 걱정되었다.

그런데 하나님은 큰 선물을 준비해 놓고 계셨다. 재택근무를 할 수 있게 해 주신 것이다. 평소 나는 회사에서 과분한 평을 듣고 있었다. 하나님이 원만한 성품과 성실함을 주셨기에 어느 자리에 있든 항상 가진 자질보다 더 좋은 평을 듣고 있었다. 그래서 여러 날 결근을 했지만, 평소의 능력과 성실함을 인정받아 회사에서 재택근무를 할 수 있도록 큰 배려를 해준 것이다. 하나님이 간섭해 주신 결과였다.

나의 부족함에도 불구하고 하나님이 변함없이 나를 사랑하고 계시다는 것을 깨닫게 되자, 지난 몇 개월의 시간이 보이기 시작했다. 그리고 내가 결심하기까지 참고 참으며 계속해서 나를 부르고 계셨던 하나님의 마음을 뒤늦게 알게 되었다.

'나를 목자로 세우기 원하시는 분은 하나님이시다. 나를 사랑하시기에……. 내게 복 주시려고…….'

망설일 일이 아니었다. 진실된 마음으로 헌신하기로 하였다.

실직도 축복이더라

교회 식구들의 축복을 받으며 목장 분가를 하였다. 목자로 헌신한 것을 하나님이 어여삐 보셨는지 이번에도 특별한 선물을 주셨다. 아버지에게 교회에 나오시라고 권유했더니 아버지가 곧바로 그렇게 하신 것이다. 아버지는 교회 등록, 예수영접, 세례까지 그 모든 과정을 아무런 영적인 방해 없이 수월하게 받으셨다. 아버지는 지금도 주일성수를 열심히 잘하고 계신다.

디스크 재활치료는 해를 넘겼고 겨우 끝이 났다. 그 동안 배려해 준

회사에 보답하려는 각오로 회사에 복귀했다. 그런데 2월, 갑작스럽게 회사가 폐업을 하였다. 당황스러웠다. 그런데 그 상황 속에서 나를 향한 하나님의 인도하심이 느껴져 감사했다. 사정을 알고 보니, 지난해에 회사가 폐업할 수도 있었다는 것이다. 공교롭게도 내 치료기간에 맞추어 회사가 잘 버티어 주었던 것이다. 더욱이 장기간에 걸쳐 재택근무를 하였건만, 급여를 빠짐없이 받았다. 회사의 배려에 감사했고 내 자신이 하나님의 특혜를 받았다는 생각이 들었다.

그렇게 10여년의 직장생활을 접고 잠시 충전의 시간이라 생각하고 쉬었다. 실직 기간 동안, 가장으로서 경제적인 문제를 해결하지 못하는 부담감이 꽤 컸다. 완전히 회복되지 못한 몸도 여전히 신경 쓰였다. 교회 식구들의 기도와 격려가 이어졌다. 나를 위해 뜨겁게 기도해 주실 때마다 실직도 축복의 기회라는 것을 알았다.

3월과 4월, 이리저리 이력서를 내며 직장을 구했다. 한 회사에 이력서를 넣었다. 내 능력과 스펙으로는 도저히 들어갈 수 없는 회사였다. 상장 회사였고 근무환경도 과거의 회사들과 비교가 되지 않을 정도로 좋았다. 그런데 덜컥 합격이 되었다. 믿기지 않았다.

9월 추석 무렵이었다. 회사에서 인센티브가 지급이 되었다. 나 같은 중도 입사자에게는 해당사항이 없었다. 그런데 어찌 된 일인지 생각보다 큰 액수의 인센티브가 입금되어 있었다. 그 동안 수술과 치료비 명목으로 많은 돈이 들어간 것을 아시고 하나님이 채워주신 것이다.

11월, 다리에 다시 통증이 오기 시작했다. 하루 휴가를 내어 병원을 찾았다. 주치의 선생님이 바뀌어 있었다.

"이전 병력이 있으니 CT를 찍어 보죠."

"아니에요. 돈은 상관없으니 MRI를 찍어주세요. 정확한 진단을 원합니다."

의사 선생님은 MRI를 적은 비용으로 찍도록 배려해주었다. 결과는 또 다시 디스크 재발이었다.

"계속되는 디스크 파열로 디스크가 내려앉았습니다. 아무래도 삽입물을 넣어주는 것이 좋겠습니다. 수술을 하시죠."

그러나 아무리 생각해 봐도 수술할 수 있는 형편이 아니었다. 예전 같았으면 머릿속이 깜깜해졌을 것이다. 그런데 희한하게 이번에는 마음이 아주 담담했다.

"수술 말고 다른 방법은 없나요?"

"그럼 시술을 한번 해보죠. 지금도 사실은 많이 아파야 하는데 그렇지 않으니 신기하네요."

의사 선생님의 말보다 나는 하나님의 자비를 기대했다. 시술은 성공적이었다. 이후에도 몇 번의 치료를 더 받았고 통증은 잠잠해졌다.

얼마 전에 다시 병원을 찾았다. 시술해 주었던 의사 선생님은 다른 병원으로 옮겨 가고 안 계셨다. 그런데 놀라운 사실을 알게 되었다. 그분이 디스크 수술 분야에서 천재 외과의사라 불리는 유명한 분이었다는 것을……. 나 같은 사람이 만나기 어려운 의사 선생님을 아주 중요한 시기에 만나게 하신 분이 하나님이었다는 것을 깨달았다. 그 시기에 치료받게 하시고 회복시켜 주셨기에 지금 이만큼 움직이고 일하고 사역할 수 있는 것이다.

하나님은 한 번 더 놀라운 은혜를 부어주셨다. 지난 1월, 연봉협상에서 상상하지 못했던 액수로 연봉이 인상되었다. 사업부 센터장님이 웃으며 말했다.

"회사 창립 이래 중도 입사자에게 이렇게 높은 인상을 적용한 예가 없다네."

정말 나에게는 그런 대우를 받을 만한 능력이 없다. 하나님이 아니고서는 이런 기적을 만들어낼 분이 없다.

2월 연말정산을 할 무렵이었다. 교회에서 전해준 기부금 내역서를 보며 나는 또 한 번 감사하지 않을 수 없었다. 내역서에는 이번 연봉협상에서 인상된 금액과 똑같은 금액이 정확하게 찍혀 있었다. 하나님의 것을 확실히 구분해 드리고 좀 더 헌신하려는 마음만 먹었을 뿐인데, 그리고 일터에서는 그리스도인으로서 더욱 바른 모습을 보이려고 노력하였을 뿐인데, 하나님은 내 중심을 보시고 큰 은혜로 채워 주신 것이다.

여호와는 나의 목자시니

예전에 안 믿는 친구들은 이렇게 충고했다.

"몸 생각해서 적당히 믿어라."

그런데 요즘은 달라졌다.

"그런 몸을 가지고 매일 새벽에 나가서 기도하다니, 대단하다 대단해."

그런데 대단한 것은 내가 아니라 하나님이시다. 나 같은 사람을 여기까지 오도록 인도해주셨으니······.

"여호와는 나의 목자시니 내게 부족함이 없으리로다. 그가 나를 푸른 풀밭에 누이시며 쉴 만한 물가로 인도하시는도다." (시편 23:1-2)

부족한 나를 하나님 나라를 세우는 사역자로 불러주신 것이 감사하다. 부르심이 부담되어 계속 핑계를 대었건만 하나님은 아픈 허리를 통해 여러 번 큰 은혜를 체험하게 해 주셨다. 사역이 축복이라는 사실을 안 지금, 내 마음은 정해졌다. 주님 오시는 그날까지 감사한 마음으로 사명을 다할 것이다. 죽도록 주님께 충성!

말썽꾸러기에게 찾아오신 예수님

A급 사범은 많아

사전에 나와 아무런 상의가 없었다. 여섯 타임을 맡고 있었는데 갑자기 일곱 타임으로 늘리라고 하니 때가 되었다 싶었다. 관장님에게 월급을 올려달라고 말하였다.

"10만원 인상해 주려던 것을 20만원 인상 해 준 거야."

쐐기를 박았다. 그리고 덧붙였다.

"다른 도장으로 가고 싶으면 가도 돼. A급 사범은 많아."

"저는 몇급입니까?"

"C급 사범이지."

주저앉을 뻔했다.

'해도 너무 하는구나. 돌아오는 대답이 고작 이 정도라니……. 나만큼 열심히 일해 준 사범이 또 어디 있다고…….'

나의 일터는 내발산동에 위치한 태권도장이다. 입사했을 때는 다른 관장님 아래에서 일했다. 그런데 이듬해에 체육관이 매매되었고 곧 새로운 관장님과 일하게 되었다. 새 관장님은 부인을 데리고 나와 운영을 함께 하였다.

"사범들의 밥은 집밥이 최고죠?"

사모님은 배달음식이 건강에 좋지 않다며 매일 집밥을 싸왔다. 하지만 그것도 며칠 가지 못했다. 시간이 좀 지나니 밥은 내가 해야 했고 반찬은 김과 김치, 참치 세 가지로 변해 있었다. 그때 참치를 너무 많이 먹어서 나는 요즘도 참치를 안 먹는다.

체육관에서 관장님 부부가 싸우는 일도 많았다. 관장님이 술을 좋아해 자주 귀가가 늦었기 때문이다. 상황이야 어찌 되었건, 주변 여건이야 어찌 되었건, 모든 문제를 다 눈감아주고 나름대로 묵묵히 성실하게 일하고 있다고 자부했다. 그동안 유능한 사범으로 인정받기 위해 토요일에도 자원하여 출근하고 있었다.

그런데 내가 생각하는 나와 관장님이 보는 나는 전혀 다른 사람이었던 모양이다.

'그래, 더 열심히 일하자. 나만큼 잘하는 A급 사범을 어디 가서 찾을

수 있다는 건지……. 꼭 다시 나를 찾게 만들어야지.'

오기가 생겼다. 시키지 않는 일도 해가며 더 열심히 일했다. 물론 다른 직장도 알아보며 이직 준비를 했다. 이런 상황에서 긍정적인 선택을 했던 것은 내가 하나님의 자녀라는 마지막 양심이 있었기 때문이다.

다시 1년이 지났다.

"이직하겠습니다."

"알았어. 가."

관장님은 기다렸다는 듯이 말했다. 빈말로도 붙잡지 않았다. 그래도 그동안 고생했다며 말이라도 따뜻하게 해줄 줄 알았으나 그렇지도 않았다. 뭐 하나 따로 챙겨주는 것도 없었다.

너 없으면 안 돼

태권도 하나만으로는 부족한 듯하여, 유아체육을 준비했다. 유아체육과 태권도를 함께 가르칠 수 있는 사범이 된 것이다. 몇몇 유치원에서 불러 주어 일하게 되었다. 그리고 짬짬이 다른 태권도장의 파트 사범까지 맡았다. 이른 바 쓰리잡을 하게 된 것이다. 그것도 가는 데마다 능력을 인정받으며…….

그즈음 목사님이 새벽기도를 강조하였다. 나도 새벽기도를 쌓기 시작했다. 드디어 하나님이 응답을 주셨다. 체육회사에 이력서를 내었는데,

보내는 곳마다 매번 면접을 보자는 연락이 왔다. 여러 체육 회사를 놓고 마음에 드는 곳을 골라야 했다.

'새벽기도의 위력이 이런 것이구나. 중보기도의 위력이 이런 것이었어.'

목장식구들도 나를 위해 기도해 주었기에 더 큰 응답을 받고 있다는 확신이 들었다. 마침내 한 체육회사에 취직하였다. 그리고 능력도 인정받았다. 앞날을 회사에서 어떻게 펼쳐 나갈지, 비전을 찾으며 즐겁게 생활했다.

어느 날 전화가 걸려왔다. 전에 다니던 체육관의 관장님이었다.

"관장님, 무슨 일 있으세요?"

"내가 지방대학의 선수 감독으로 내려가게 되었다. 체육관 좀 맡아 줘라."

이야기를 들어보니 내가 그만두고 난 뒤 1년 동안 새로 온 사범들이 사고를 많이 친 모양이었다. 더욱이 사범들마다 얼마 못 버티고 그만두는 바람에 학부모들에게 신뢰가 떨어질 대로 떨어졌다는 것이다.

며칠 뒤 관장님을 찾아갔다. 관장님이 말했다.

"제발 와 줘라. 너 없으면 안 돼."

통쾌했다. 내가 원하던 대로 하나님이 이뤄주시니 너무도 기뻤다. 하지만 바로 결정을 내리지 않았다. 체육관과 체육 회사를 놓고 하나님이 어디를 원하시는지 기도부터 하였다. 목장 식구들이 이번에도 함께 기도해 주었다.

　마침내 체육관으로 결정을 내렸다. 월급도 원했던 액수만큼 받게 되었다. 밥도 하지 않아도 되었고 식당에서 배달시켰다. 전에 없던 간식도 매일 먹게 되었다. 처음 일하던 때와는 비교가 안 될 정도로 업무 환경이 변하니 하나님께 정말 감사했다. 하나님이 가려운 데를 긁어주시듯 정말 기가 막히게 응답을 주셨다. 제자삼는교회로 돌아오지 않았다면, 새벽에 기도하지 않았다면 이런 복을 어찌 누렸을까?

예수님을 만나다

　어려서부터 할머니께 기도를 받고 자라 그런지 나는 살아오면서 큰 어려움이나 고난이 없었다. 할머니는 새벽기도는 물론이요 화요일마다 산기도를 가셨다. 할머니는 뵐 때마다 성경책을 보고 계셨다. 그리고 틈나는 대로 요한복음 3장 16절에 대해서 말씀해주셨다.

　"하나님이 세상을 이처럼 사랑하사 독생자를 주셨으니 이는 그를 믿는 자마다 멸망하지 않고 영생을 얻게 하려 하심이라." (요한복음 3:16)

　할머니 덕분에 교회를 다니는 건 당연한 일이었다. 하지만 내 안에 성령님이 계시지 않았으니 하나님과의 친밀한 관계가 어떤 것인지 알지 못했다. 교회에 오면 예배를 드렸고 예배가 끝나면 집에 가면 그만이었다. 예수님의 사랑은 성경에 있는 것이었을 뿐, 내 생활과는 아무런 관련이 없었다.

군대 신병 교육시절 토요집회가 있었다. 태어나 처음으로 찬양할 때 눈물이 났다. 나는 하나님을 만난 줄 알았다. 하지만 그것은 착각이었다. 감정적인 반응일 뿐이었다. 그렇게 하나님과 나와의 거리는 늘 멀었다. 하나님도 답답하셨을 것이다.

어느 주일, 목사님의 말씀을 듣고 있는데 하나님께서 나에게 직접 말씀하시는 듯한 강한 감동이 몰려왔다.

"너는 나를 끝내 안 볼 거냐?"

생명의삶 공부를 마치고 나서 열심히 신앙생활을 한다고 자부하며 지내던 때였다. 하나님이 직접 나를 내려치시는 것 같았다. 굉장히 당황스러웠다. 방법을 찾자니 그 방법이 무엇인지 감이 잡히지 않았다.

혼란스러웠던 그 즈음에, 미국 휴스턴서울교회 곽인순 목자님의 초청 집회가 열렸다. 간증을 들으며 그분처럼 하나님 앞에서 크게 쓰임 받고 싶다는 마음이 강하게 일었다. 집회에서 갈급한 마음으로 오래도록 찬양을 불렀다. 평소에도 무심코 불렀던 찬양이었다. 그날따라 찬양의 가사가 내 눈에 크게 들어왔다. 그리고 그동안 예수님께서 이 땅에서 겪었던 고난의 과정이 영화의 장면처럼 지나갔다.

주의 사랑은 베푸는 사랑 값없이 거저 주는 사랑

그러나 나는 주는 것보다 받는 것 더욱 좋아하니

나의 입술은 주를 닮은듯하나 내 맘은 아직도 추하여
받을 사랑만 계수하고 있으니

찬양의 가사를 보는 순간 아이처럼 울음이 터져 나왔다. 그동안 내가 원하는 것을 구할 때만 하나님을 찾았다는 것을 알았다. 그리고 받은 사랑에 비하면 나는 하나님께 아무 것도 드린 것이 없다는 것도 깨달았다. 나도 모르게 회개의 기도를 드리고 있었다. 눈을 감고 있었는데 바로 그 순간, 눈앞이 굉장히 환해졌다.

"이제라도 알았으니, 괜찮다."

예수님이 그렇게 말씀해 주시며 따뜻하게 안아주시는 것을 느꼈다. 그토록 멀리 있다고 느꼈던 그 예수님을 비로소 만난 것이다.

지금 생각해보면 예전에 관장님과 관계가 나빴던 때는 하나님과 관계가 회복이 안 된 때이기도 했다. 하나님과 관계가 좋지 못한데 사람과의 관계인들 좋을 리 없었다. 반대로 일터에서 능력을 인정받았을 때는 모든 방황을 끝내고 제자삼는교회에 다시 다니기 시작할 무렵이었다. 나의 신앙 상태에 따라 일터에서 받는 대우가 달랐던 것이다.

그것을 뒤늦게 깨달으니 그동안 어리석게 흘려보낸 시간들이 그 무엇보다 하나님께 죄송했다. 교회를 버리고 친구를 선택한 나의 어리석음이 몹시 부끄러웠다. 그리고 그런 모든 부족함을 다 용서하고 다시 교회 식구로 받아준 제자삼는교회에 감사한 마음은 말로 다 표현할 수 없다.

교회를 버리고 친구를 선택하다

어느 날, 목사님이 미국으로 컨퍼런스를 다녀오시더니 가정교회로 전환한다고 선포하셨다. 그때 교회의 청년들은 마음속으로 설레었다.

"목자 목녀 될 사람을 투표한대."

"넌 누구를 선택할 거니?"

"우린 어떤 목장에 가게 될까?"

투표를 하고 목자 목녀가 정해졌다. 그런데 청년들에게는 목장에 함께 할 기회가 주어지지 않았다. 청년들은 어느 목장에도 소속되지 않은 채 여전히 청년부로 있어야 한다고 했다. 기껏 투표를 했는데 너무 아쉬웠다.

얼마 안 있어 목사님이 청년들의 마음을 알았는지 청년 목장을 세웠다. 청년부의 목자는 목사님이었고 목녀는 사모님이었다. 매주 토요일 저녁마다 사택에서 목장모임을 가졌다.

그즈음 청년부는 믿음이 약한 지체들만 있었다. 믿음으로 서로를 세워주기보다 똘똘 뭉쳐 놀기 바빴다. 목사님의 권면은 귓등으로 들었다. 피씨방을 전전하거나 술 담배를 하며 세상 재미에 빠져있었다.

어느 날, 목사님이 '생명의삶'을 수강하라고 하였다. 처음에 청년들은 순종하는 듯 했다. 그런데 청년들 가운데 한두 명이 땡땡이를 치기 시작했다. 목사님께는 죄송했지만 땡땡이 치는 재미가 괜찮았다. 목사님께 거의 매번 야단을 맞았지만 청년들은 점점 더 겁이 없어졌고 무단결석하는 횟수가 잦아졌다.

어느 날, 목사님이 단단히 결심하고 청년들을 불렀다.

"모두 흩어져라. 너희는 뭉쳐 있으면 서로에게 덕이 안 된다. 흩어져서 각자 다른 교회로 가거라."

올 것이 온 것이다. 청년들의 태도도 나빴지만 청년 가운데 한 명이 이단과 연루되다 보니, 목사님이 결단을 내리신 것이다. 목사님은 나와 정희를 따로 불렀다. 정희는 지금 내 아내이다. 목사님은 우리에게만 선택의 기회를 주셨다. 하지만 철없는 우리는 교회가 아니라 친구를 선택했다.

마침내 우리도 제자삼는교회를 떠났다. 교회를 떠나니 자유로웠다. 친구들과 더 잘 뭉치고 더 재미있게 지낼 것이라 생각했다. 그런데 그 모임은 오래 가지 못했다. 친구들은 뿔뿔이 흩어졌다.

정희와 둘이 주일마다 이 교회 저 교회 다니다가 집에서 가까운 대형 교회에서 자주 예배를 드렸다. 그렇게 큰 교회에서 예배 드려보기는 처음이었다. 청년회 모임에 나가보았다. 몇 번 나갔지만 곧 그만두었다. 안 나온다고 누가 뭐라는 사람도 없었다. 그렇게 간섭받지 않는 게 더 좋았다.

목장에 가다

2년이 흘렀다. 잠자느라 예배를 드리지 않는 날이 늘어갔다. 하나님이 우리를 한심하게 여길 것이라는 생각이 들었지만 그렇다고 생활을 고치겠다는 결심도 서지 않았다.

어느 날, 정희가 말했다.

"제자삼는교회에 다시 가면 어떨까? 제자삼는교회에 가면 이렇게 생활하지는 않을 텐데……. 그런데 다시 가면 안 되겠지?"

내가 대답했다.

"응. 좀 그렇지 않을까?"

하나님께서 그 대화를 들으신 것이 분명했다. 아니, 표현은 약하게 했지만 제자삼는교회에 다시 가고 싶은 정희의 마음이 간절하였고 하나님이 아신 게 틀림없었다. 정말로 제자삼는교회에 다시 갈 수 있는 기회를 만들어 주셨으니까…….

어느 날, 제자삼는교회의 한 목녀님이 소천하셨다는 소식을 전해 들었다. 정희랑 장례식장으로 갔다. 교회 식구들을 오랜만에 뵈니 예전의 추억이 많이 생각났다.

장례식 이후로 가끔 혁진 형이 우리에게 따로 연락을 했다. 단박에 눈치를 챘다. 혁진 형이 우리를 제자삼는교회에 데리고 가려 한다는 것을…….

"왠지 다시 제자삼는교회에 가게 될 것 같지 않아?"

정희도 나와 같은 마음이었다.

그런데 혁진 형을 만나면 만날수록 정희와 나는 깜짝 놀라지 않을 수 없었다. 예전에 우리가 알던 혁진 형이 아니었다. 형도 그다지 순종적인 모습이 아니었는데 예전의 모습이 전혀 보이지 않았다. 반듯해 보였고 여유도 있어 보였다. 누가 보아도 훌륭한 목자의 모습으로 변해 있었다.

'무엇이 혁진 형을 이렇게 변화시킨 것일까?'

궁금했다. 많이 궁금했다.

드디어 혁진 형, 아니 목자님의 권유에 순종하여 목장에 가게 되었다. 청년부 때에 가보고 싶었던 그 목장을 긴 시간이 지나 드디어 가게 된 것이다. 목자님의 두 아이가 얼마나 애교를 떨며 다가오는지 아이들 때문에 웃을 일이 많아 어색함이 덜했다.

목장모임이라고 해서 특별한 것이 있지는 않았다. 함께 밥 먹고 차 마시고 한 주간 생활했던 이야기를 나누었다. 모든 것이 참 편했다. 목자님과 목녀님의 도움으로 나와 정희는 목장에 잘 정착했고 목장에 등록하였다. 우리도 어엿한 목장식구가 된 것이다.

목장의 힘, 교회의 힘

결혼을 준비하면서 교회의 힘을 더 크게 느꼈다. 결혼 준비가 한창일 때 정희는 걱정이 많았다. 정희에게는 친정 가족이 별로 없다. 결혼 준비를 챙겨줄 사람도 없었다. 그런데 목녀님이 친정언니처럼 하나씩 챙겨주며 도와주기 시작했다.

목사님의 주례로 결혼식이 시작되었다.

"가족들 나오세요."

가족 사진 촬영을 하려는 순간이었다. 깜짝 놀랐다. 정희의 눈도 동그래졌다. 결혼식에 참석한 교회 식구들이 우르르 나와 가족처럼 우리 뒤에 섰다. 우리가 아는 분들도 있었지만 제자삼는교회에 온 지 얼마 안 되어, 우리를 모르는 분들도 있었다. 아이들까지 안고 나와 함께 사진을 찍어주었다. 누가 보아도 가족의 모습이었다. 세상에 어느 교회 성도들이 결혼식에서 가족이 되어준단 말인가. 너무 놀랐고 너무 감사했다.

그날 목자님은 새벽부터 하루 종일 우리를 섬겨 주었다. 우리 결혼식 때문에 직장에 하루 휴가까지 내었다는 것을 나중에 알았다.

역시 제자삼는교회였다. 세상 재미에 빠져 있던 혁진 형을 사랑과 섬김을 실천하는 목자로 만들어놓은 것이나, 잘 알지 못하는 성도를 위해 기꺼이 가족이 되어주는 모습은 제자삼는교회에서만 볼 수 있는 사랑의 실천이었다. 사진을 찍으면서, 영적인 가족의 사랑이 혈육보다 더 진하다는 것을 절실히 느꼈다.

'집 나가면 고생'이란 말이 자주 떠올랐다. 제자삼는교회를 나가 영적으로 헤맨 시간이 어리석게 느껴졌다. 그래서 집으로 돌아온 느낌으로 다시 마음을 가다듬었다. 예수 영접도 다시 했다. 예전에 하다 말았던 '생명의삶' 공부도 다시 수강했다. 얼마나 가치 있는 공부인지 긴 시간이 지나서 비로소 알게 된 것이다.

은혜를 사모하며

나에게 교회는 학교처럼 이유없이 그냥 다녀야 하는 곳이었다. 학생회 임원을 맡아도 말썽만 피웠고, 목사님의 권유보다 친구들끼리 어울리는 것이 더 좋아서 교회도 나가버렸다. 나가 보니 교회가 얼마나 소중한 곳인 줄 알겠고 하나님을 떠나니 하나님의 은혜가 얼마나 큰지 깨달을 수 있었다. 다시 돌아와 제자삼는교회와 목장모임에서 하나님을 만났다. 하나님은 말썽꾸러기를 순종하는 자녀로, 미래를 꿈꾸는 자녀로 바꾸어 놓으셨다.

최근 2년 동안 제자삼는교회에서 보낸 시간이 보석보다 더 값지다. 하나님과 더 깊은 관계로 나아갔고 내 힘으로는 얻을 수 없는 복을 넉넉히 받았다. 그 무엇보다 예수님을 만났으니 이만한 축복이 어디에 있으랴. 예수님이 살아계신 것과 언제 어디서나 나와 함께 하신다는 확신이 있으니 이제 더 이상의 방황은 없다. 하나님이 앞으로 어떤 복을 부어주고 채워주실지 더 사모하고 기대하고 있다.

한 사람의
인생을 바꾼
따뜻한
밥 한끼

가족 전도가 가장 어렵다고 합니다.
서로에 대해 너무 잘 알고 있다는 이유 때문입니다.
그런데 사랑하는 가족에게
예수 그리스도를 선물한 사람들이 있습니다.
썩어지거나 잃어버리거나 없어질 선물이 아니라
영원한 기쁨을 주는 선물, 예수 그리스도.
남편과 시댁식구를 변화시켜
천국과
천국의 상급을 선물한
세 여인의 이야기입니다.

가족을 변화시킨 여인들

나를 세우신 하나님 나를 쓰신 하나님

목녀병은 축복의 병이다

비 오면 비 맞고 눈 오면 눈 맞고

나를 세우신 하나님 나를 쓰신 하나님

눈물로 배운, 일대일 제자 양육

목장 모임이 있는 금요일은 아침부터 바쁘다. 출근 전에 청소와 애찬 준비를 미리 해놓는다. 일이 끝나자마자 학원 문을 잠그고 일터인 김포에서 방화동으로 달린다. 차안에서 집으로 전화를 걸어 아이들에게 이것저것 부탁한다.

"가스렌지에 냄비 올려놓은 거 보이니? 불 좀 켜줘. 상도 펴놓는 거 알지?"

목자 목녀로 산 지 8년째. 남편과 나, 우리 아이들은 모든 생활을 목장 중심으로 맞춰 놓고 산다.

목장모임을 하면서 가장 많이 변한 사람은 남편이다. 하나님을 인정하지 않았고 교회에 나오지 않던 남편이 지금은 목자로, 안수집사로, 초등부 교사로 섬기고 있다.

"두 분이 다정한 모습으로 함께 섬기는 모습이 너무 보기 좋아요."

"섬기는 모습을 보면 존경스럽습니다."

교회 식구들이 남편과 나를 보고 하는 말이다. 그런데 이렇게 되는 데에 8년의 세월이 걸렸다. 목장모임 덕분이다. 목장모임이 없었다면 우리 가정은 지금과는 사뭇 다른 모습으로 살고 있을 것이다.

결혼 전, 남편은 친절하고 자상했다. 흔한 농담에도 얼굴이 빨개지는 모습이 순수해 보여 결혼을 결심하였다. 그런데 막상 결혼을 하니 남편의 다른 점이 보이기 시작했다. 여전히 순수한 모습도 있었지만, 전혀 상상하지 못했던 모습을 보게 되었다. 실망이 컸다. 말수가 적은 남편은 퇴근 후 TV만 보다 잠이 들었다. 주일에도 직장에 나갔다. 시댁과의 문화 차이도 커서 시댁 어른들 대하는 것이 몹시 어려웠다. 나는 점점 더 외로워졌고 위로가 필요했다.

혼자 교회를 찾았다. 시스템이나 프로그램, 복지시설이 잘 되어있는 대형 교회들을 쇼핑하듯이 기웃거렸다. 지금 돌이켜 보니, 영적인 답답함을 풀어줄 좋은 교회를 찾고 있었지만 내가 원하는 교회가 어떤 교회인지 나 자신도 모르고 있었던 것 같다. 교회의 외형이 진정한 교회의 모습인 줄 오해하고 있었으니까.

그 즈음, 발산동의 한 빌라로 이사를 왔다. 3층에 사는 어떤 분이 매일 우리집에 찾아와서 청소도 도와주고 큰애를 돌보아주었다. 그분을 따라 제자삼는교회에 다니게 되었다.

제자삼는교회에 등록한 지 얼마 안 되어, 목사님이 나에게 일대일 제자 양육훈련을 해주시겠다고 제안했다. 놀랍기도 하고 무척 감사했다.

'나 한 사람을 양육하기 위해 매번 방화동에서 발산동으로 오시겠다는 건가? 내가 그렇게 가치 있는 사람인가?'

일대일 제자 양육훈련을 시작했다. 놀라웠다. 그동안 성경의 내용에 대해 아무 것도 믿을 수 없었는데 어찌 된 일인지 모든 것이 다 믿어졌다. 성경의 그 어떤 구절도 진리로 받아들이는 데에 문제가 없었다.

'그래. 천지를 창조하신 분인데 물을 포도주로 만드는 일이 뭐 그리 어렵겠어?'

'우리 애를 바치라고 한다면 나는 못할 것 같은데 내가 뭐라고 나를 위해 당신의 아들을 십자가에 못 박히게 하셨단 말인가?'

시간마다 눈물이 그렁그렁 했다. 하나님의 큰 사랑을 깨닫자 그동안 내 맘대로 살아온 것이 후회스러웠다. 아니, 죄송하였다. 그리고 문득 생각했다.

'이제 어떻게 살아야 하지?'

그래서 목사님이 하라고 하는 것은 뭐든지 순종하기로 하였다.

'목사님이 하나님을 가르쳐 주시는 분인데, 나에게 나쁜 것을 시키지는 않을 거야. 뭐든지 복 받게 하려고 시키시는 걸거야.'

그래서 주일예배와 수요예배, 구역예배에 빠지지 않았다. 새벽기도도 나갔다. 내 수입에 한해서 십일조도 드렸다.

남편의 십일조

나에게 구원의 확신이 생기니 남편도 구원을 받아야 한다는 생각이 강하게 들었다. 남편에게 최선을 다했다.

"하나님께서 허락하신, 하나뿐인 당신에게

오늘도 피곤한 하루가 되겠죠? 하지만 하나님께서 당신에게 새 힘을 주실 거라 믿어요. 힘내세요. 그리고 사랑합니다. 누군가 당신에게 술을 권하면 당신은 건강을 위해 차를 권하는 그런 배려심 깊은 사람이 되어 주세요. 그래야 우리 가족의 가장으로, 우리 아이들의 아빠로, 저의 남편으로 건강하게 생활할 수 있잖아요?

당신을 사랑하는 아내가."

2년 동안 하루도 빠짐없이 남편에게 편지와 쪽지를 썼다. 어떻게든 남편에게 예수님의 사랑을 전하고 싶었고 그 방법의 하나로 편지와 쪽지를 쓴 것이다.

그러나 남편은 편지와 쪽지를 거들떠보지 않았다. 구겨서 집안 곳곳에 버렸다. 하지만 나는 멈추지 않았다. 청소를 하다가 버려진 편지나 쪽지를 보면 아까운 마음에 도로 주워서 따로 보관했다.

여러 모로 노력했지만 남편과의 관계는 좋아지지 않았다. 대화도 늘지 않았다. 이혼도 여러 번 생각했다. 하지만 이상하게 기도만 하면 남편 구원을 위한 기도가 나왔고 그 소망이 점점 더 강렬해졌다.

"주 예수를 믿으라. 그리하면 너와 네 집이 구원을 받으리라." (사도행전 16:31)

약속의 말씀을 굳게 붙잡았다. 언제부턴가 점점 더 십일조에 대한 부담이 생기기 시작했다. 내 목숨, 내 자녀, 나의 모든 것이 하나님의 것이라 생각하니 남편의 수입에 대해서도 십일조를 드려야 한다는 생각이 들었다.

어느 날 남편에게 이야기하였다.

"당신 수입에 대해 십일조를 드리고 싶어요."

남편은 노발대발하였다. 영적인 싸움의 시작이었다. 나도 지지 않았다. 다른 모든 부분에서 남편에게 순종했고 져 주었고 용납해 주었지만 영적인 부분만은 타협할 수 없었다. 평소에 말없던 남편이 그날 얼마나 크게 소리를 질렀던지 빌라 전체가 떠들썩했다.

그날 이후로 남편을 위해 새벽마다 더 많이 기도했다. 마침내 하나님이 남편의 마음을 움직여주셨다.

"알았어. 십일조를 해도 좋아. 하지만 그 액수만큼 생활비가 줄어드는 것에 대해 불평하지 마."

믿음도 없고 교회도 나가지 않은 상태에서 자신의 수입에서 십일조를 드려도 된다고 승낙한 것이다. 남편은 답답할 정도로 돈을 쓰지 않는 사람이었다. 자신을 위해서는 5천원을 쓰는 것도 아까워했다. 그런 사람이 십일조를 승낙한 것은 기적이나 다름없었다. 순종이었다. 교회 다니는 사람도 하기 힘든 순종을 남편이 해준 것이다.

순종을 드린 남편

남편을 위한 기도는 쉬지 않고 계속되었다. 잠든 남편의 발가락을 잡고 기도했고 옷자락을 붙잡고 기도하기도 했다.

어느 날, 남편이랑 또다시 크게 싸웠다. 너무 절망스러웠다. 그동안 남편이 거들떠보지 않던 그 많은 쪽지와 편지들을 꺼내어 놓고 남편이 보는 앞에서 다 찢었다.

"이제 더 이상 못 참겠어요. 이혼해요."

다른 때와 달리 내가 너무나 강경하다 싶었는지 남편은 한 달만 말미를 달라고 했다.

"한 달이 왜 필요해요? 당신이 정말 나랑 같이 살고 싶다면 교회에 같이 가요."

지금 생각해보면 하나님은 내 입에서 그 말이 튀어나오도록 하기 위해 내 감정을 폭발시켰고 남편과 그렇게 큰 싸움을 벌이게 하신 것 같았다.

"직장을 그만두란 말이야?"

"일주일에 한번 예배드리는 것을 말하는 게 아니에요. 그렇게 해서는 하나님을 경험할 수 없어요. 매일 하나님을 만나야 해요. 매일 나랑 같이 새벽기도 나가요. 한 달 동안 지켜볼게요."

남편은 화가 치밀어 올라 어쩔 줄 몰라 했다. 하지만 마침내 그렇게 하겠다고 약속하였다. 남편은 다음날부터 바로 새벽기도에 나갔다. 나의 기쁨은 이루 헤아릴 수 없이 컸고 가슴이 벅찼다. 그러나 남편은 분노에 차서 얼굴이 벌겋게 달아올랐다. 목사님의 말씀이 끝날 때까지 고개를 푹 숙인 채, 씩씩거렸다. 그 숨소리가 얼마나 컸던지 조용한 예배당에 남편의 숨소리만 울리는 것 같았다. 그런데 하루하루 지날수록 남편의 숨소리가 잦아들었다. 숙이고 있던 남편의 고개가 조금씩 들려지기 시작했다. 마침내 목사님의 얼굴을 바라보면서 말씀을 듣고 있었다.

어느 날 내가 잠든 사이 남편은 밤새도록 주기도문과 사도신경을 외웠다. 그리고 새벽에 내가 눈뜨자마자 보란 듯이 외웠다. 기적이었다. 하나님이 남편을 변화시키고 계셨던 것이다.

돌이켜 생각해보면 하나님은 남편을 참 특별한 방법으로 부르셨다. 대부분의 사람들은 주일예배나 목장모임에서 신앙생활을 시작한다. 그런 다음 새벽기도나 십일조 헌신을 하게 마련이다. 그런데 남편은 희한하게 모든 순서가 달랐다. 십일조 헌신을 먼저 하고 새벽기도에 나간 다음 주일예배를 드렸던 것이다. 어쩌면 가장 어려운 헌신부터 기꺼이 순종했기에 하나님이 더 특별하게 돌보아주셨는지 모르겠다.

드럼통으로 먹는 목장

8년 전, 목사님이 가정교회를 하겠다고 선포하던 때가 떠오른다. 남편과 나도 목자와 목녀로 선출되었다. 하나님은 우리 목장에 은혜를 부어 주셨다. 어른 여섯 명으로 시작한 목장이 아이들을 포함해 스물일곱 명으로 늘어나 있었다. 전기밥솥에 밥을 두 번 안쳤고 찌개를 드럼통으로 끓이다시피 했다. 교회에서는 우리 목장을 두고 '드럼통으로 먹는 목장'이라 부르기도 했다. 곧 예비목자 예비목부가 세워지고 분가가 이루어졌다. 우리 가정과 또 한 가정을 남겨 놓고 모두 새 목장으로 분가해 나갔다.

그런데 가슴 아픈 일이 일어났다. 분가해 나간 새 목장이 잘 정착되지 않고 어려움을 겪더니 목장식구들이 모두 교회를 떠나버렸다. 어느 누구보다 마음 아파하는 나를 붙잡아준 것은 목사님의 말씀이었다.

"비 오면 비 맞고 가고 눈 오면 눈 맞고 가라. 곰처럼 가라."

주저앉으려 했다가도 그 말씀을 들으면 다시 일어날 수 있었다. 그 즈음 하나님은 내게 늘 찬송을 부르게 하셨다.

위로하여라, 네가 아플 때 내가 너를 위로했듯이.

눈물 닦아주어라, 네가 울 때 내가 네 눈물 닦아줬듯이.

그 찬송을 부르면 나를 둘러싼 많은 사람들의 아픈 상처가 헤아려졌다.

'주님은 나를 위해 목숨까지 버리셨는데, 내가 누구인들 위로하지 못할까? 나는 30년이나 주님 속을 썩인 죄인이었는데, 나를 아프게 한 사람인들 내가 용서 못할 까닭이 없지.'

다시 힘을 내어, 기도하고 섬기기 시작했다. 우리 목장만이라도 다시 일어서야 했다. 시간이 흐르니 하나님이 영혼들을 다시 보내어주셨다. 어른 아홉 명, 어린이 열 명의 목장식구를 허락해 주신 것이다. 또 분가가 필요했다. 이번에는 목장식구들을 그대로 남겨두고 우리 가정만 따로 나와 새로운 목장을 개척하였다.

미술학원 원장이 되다

중고등부 겨울 수련회 때였다. 아이들에게 미래의 꿈을 적어보라고 하였다. 그리고 교사인 나도 무언가를 적어야 했다. 그 때까지 나는 꿈이 없었다. 집안에서 살림만 하던 사람에게 무슨 꿈이 있겠는가. 삶의 목적도 없었다.

미술학원 원장

엉겁결에 나는 그렇게 적었다. 그런데 그 소망을 주신 분은 하나님이셨다. 꿈이 생기니 움직일 수밖에 없었다. 홍대를 오가며 미술 공부를 시작했다. 그리고 교회 근처의 작은 학원에서 보조교사로 일했다. 건강이 좋지 못했지만 열심히 배우고 일했다.

그런데 목장 사역과 공부를 함께 해내느라 끼니를 잘 챙기지 못했고 잠을 두세 시간밖에 자지 못했다. 어느 날, 쓰러지고 말았다. 영양실조와 갑상선 항진증이 원인이었다. 학원도 열어보지 못하고 무너지는 줄 알았다. 그런데 그때 내 마음 속에 강한 확신이 들었다. 하나님께서 위로해 주시는 것 같았다.

"너의 꿈을 내가 이루어 주리라."

이듬해 3월, 아이들 앞에서 내 꿈을 말한 지 채 반년도 지나지 않아 하나님이 꿈을 이루어주셨다. 보조교사로 일하던 미술학원을 인수하여 개원한 것이다. 방화동에 있는 13평짜리 학원이었다. 꿈을 꾸게 하신 분도 하나님이었고 그 꿈을 이룰 수 있도록 길을 열어 주신 분도 하나님이었다.

3년이 지났다. 김포시 장기동에 두 번째 미술학원을 열었다. 첫 번째 학원보다 세 배나 넓은 33평 규모였다.

건강하지 못한 몸으로 학원 두 곳을 운영하려니 남편의 도움이 절실했다. 마침내 남편이 직장을 그만두고 학원 운영을 함께 하게 되었다.

하나님께서 새로운 일터에서 함께 일하게 한 뒤로, 남편은 영적으로 부쩍 성장했다. 무엇보다 주일예배를 비롯하여 모든 예배에 참석할 수 있었다. 목장모임에도 처음부터 끝까지 함께 할 수 있었다. 주중에 목장 식구들과 VIP를 섬기는 일도 가능해졌다. 매월 초에 목사님이 김포로 직접 오셔서 학원에서 월례예배도 드리게 되었다. 너무 기쁘고 감사하여, 두 일터의 이름으로 해외 선교지 두 곳을 물질로 섬겼다.

그렇게 하나님의 나라를 먼저 생각하니, 하나님께서 우리에게 많은 축복을 주셨다. 몸이 약했던 내게 건강 주셔서 쓰러지는 일 없이 일터의 일을 감당하게 하셨다. 그리고 요즘 학원 업계가 불황의 여파로 어렵다고 하는데, 김포의 학원은 개원한 지 1년 반 만에 110명의 원생이 등록하였다.

여덟 번의 이사

올해 우리 부부는 결혼 17년차이다. 신림동, 발산동, 김포시, 방화동……. 대략 2년에 한번 꼴로 이사를 다녔다. 진작 교회 근처로 이사 오고 싶었지만 매번 기회가 닿지 않았다. 특히 방화동이 재개발될 즈음에는 전셋집을 구하려 하여도 없었다. 지닌 돈도 넉넉하지 않다 보니 방화동에서 가까운 김포시로 이사를 가게 되었다.

그런데 김포에 살면서 교회 근처에 사는 것이 얼마나 큰 축복인지 절실히 깨달았다. 그때만 해도 김포에서 방화동으로 오가기가 쉽지 않았다. 도로도 정비되지 않았고 교통편도 좋지 않았다. 승용차도 없었다. 막내를 임신하고 있던 때라, 큰애와 둘째의 손을 잡은 채 버스를 타고 주일예배에 가는 것도 벅찼다. 목사님이 내 형편을 아시고, 수요일마다 나와 아이들을 데리러 김포로 오셨다. 특별한 그 섬김을 나는 지금도 잊을 수가 없다.

무엇보다 새벽마다 제자삼는교회에 나가 기도하고 싶었다. 매일 새벽 목사님 말씀을 들으며 하루를 열고 싶었다. 그리고 사랑하는 교회식구들과 주중의 어느 때라도 교제하고 싶었다. 또 교회 가까운 곳에서 전도하고 싶었다. 그래서 교회 근처로 이사 가기를 갈망하며 기도했다. 기도를 시작한지 여섯 달 만에 하나님이 이사를 허락해 주셨다.

부동산 중개사무실에서는 이사를 미루는 것이 좋겠다고 여러 번 말했다. 출산도 코앞에 다가와 있었다.

"이해를 못하겠네요. 지금 집값이 얼마나 뛰고 있는데 이 집을 내놓으려고 하세요? 조금 기다리시면 더 오를 텐데……. 몸이나 풀고 이사하시지……."

그런 말은 내 귀에 들어오지도 않았다. 교회를 사모하는 마음이 너무도 크니 하나님이 긍휼을 베풀어주셨다. 교회에서 걸어서 5분 거리에 살도록 허락해 주신 것이다.

세상의 계산법으로는 금전적으로 손해를 본 결단이었지만 영적으로는 축복의 보금자리를 찾게 된, 수지맞는 결단이었다. 이사 오고 나서 남편이 새벽기도에 나가기 시작했고 주일예배를 드리게 되었고 사역자로 세워졌으니까……. 그리고 목장모임을 하면서 방화동에 예비하여 두신 영혼들을 만나게 해 주셨고 두 번의 분가를 허락해 주셨다.

올해 6월, 우리 가정은 한 번 더 이사를 했다. 여덟 번째 이사였다. 마곡지구로 이사했는데, 이번에는 감회가 남달랐다.

"야베스가 이스라엘 하나님께 아뢰어 가로되 원컨대 주께서 내게 복에 복을 더 하사 나의 지경을 넓히시고 주의 손으로 나를 도우사 나로 환난을 벗어나 근심이 없게 하옵소서 하였더니 하나님이 그 구하는 것을 허락하셨더라." (역대상 4:10)

하나님 아버지께서 야베스를 돌아보고 그 기도를 들어주신 것처럼, 그동안 이리저리로 이사 다니던 우리 가정도 돌아보시고 축복해 주셨다. 이사를 다니면서 항상 그 때에 맞는 은혜와 자비를 베풀어 주신 하나님께서 마곡 지구에서도 함께 해 주시고 하나님의 특별한 역사를 이루어나가실 것이다.

스릴 만점, 목녀 사역

하나님 앞에 가면 나는 사역의 열매로 칭찬을 받을 것이다. 확신한다.

하지만 하나님과 동행했던 것에 대해 더 큰 칭찬을 받고 싶다. 이 땅에 사는 동안 하나님과 같이 있었고 적어도 사랑하는 하나님을 외롭게 해 드리지 않은 것에 대해 칭찬을 받고 싶다. 하나님이 나를 짝사랑하게 하지도 않았고 내가 하나님을 짝사랑 하지도 않았다. 사랑은 늘 함께 있고 싶어 하는 것인데, 하나님과 나는 그런 사랑을 하고 있다.

목녀 사역은 언제나 스릴 만점이다. 한 문제가 해결되면 그 다음 문제가 기다리고 있다. 문제에 짓눌려 힘들다고 생각한다면 목녀가 아니다. 문제를 만나면 쉼 없이 기도하고, 기도하면 주님이 어떻게든 해결해 주시니 그 기쁨에 중독되어 목녀 사역을 하지 않을 수 없다.

"모든 것을 다 갖추고 시작한다면 무슨 보람이 있겠는가? 이미 준비된 사람들과 함께 한다면 훗날 하나님 앞에서 무슨 이야기를 들려드릴 것인가?"

"사역에 실패할까봐 두려워하는 것보다 더 부끄러워해야 하는 것이 있다. 바로 하나님이 이 일을 통해 행하실 일을 보지 못하고 시도조차 하지 않는 것이다."

목사님이 강조하는 말씀을 늘 마음에 새긴다. 일터로 향하는 내 발걸음에 힘이 실린다. 해야 할 일이 무엇인지 알고 있는 나에게 하루하루는 축복이 넘치는 날이다. 특별하고 행복한 날이다.

목녀병은 축복의 병이다

돈을 사랑한 남편

나는 믿음의 가정에서 자란 남자와 결혼하고 싶었다. 교회 청년부의 한 남자와 교제를 시작했다. 학생부와 청년부에서 임원도 맡고 있었고 성실한 남자였다. 예수님을 잘 믿는 가정에서 자랐으므로 믿음에는 문제가 없을 것으로 보였다.

하지만 교제를 해 보니 실상은 그렇지 않았다. 교회 밖에서 보는 모습은 많이 달랐다. 술과 담배를 즐기고 있었다. 그런데 연애를 하니 눈에 콩깍지가 씌어서 그런 것은 크게 문제되지 않았다.

"그래, 끊을게. 끊을 거야."

그 말을 믿고 결혼을 하였다.

결혼한 지 2년만에 남편의 직장이 충주로 이전하였다. 서울을 떠나 아는 사람이라고는 한 명도 없는 충주에서 살게 되었다.

"직장은 비전이 없어. 사업을 하고 싶어."

평소에도 요리를 좋아하는 남편이어서 그쪽으로 안목이 있었다. 충주 시내 번화가에 프랜차이즈 치킨요리 지점을 내었다. 비싼 권리금과 임대료를 내고 영업을 시작했다. 매장은 누가 보아도 대박이 날 만한 자리였다. 그런데 결과는 그렇지 못했다.

그때부터 우리 가정에는 경제적인 면뿐 아니라 모든 면에서 서서히 어려움이 찾아오기 시작했다. 남편은 주일을 지키지 않았고 점점 더 주님에 대한 신뢰를 저버렸다. 남편의 마음은 오로지 돈에 대한 생각으로 가득 차 있었다. 어떻게든 자신의 힘으로 사업을 일으켜 보겠다고 안간힘을 내었다. 그러나 하나님은 그 길을 쉽게 열어주시지 않았다.

마침내 가게와 집을 정리하고 다시 서울로 올라와야 했다. 이사할 동네와 교회를 놓고 고민할 때 나는 제자삼는교회 근처로 가기를 바랐다. 제자삼는교회 사모님이 여고 동창이었다. 남편은 달랐다.

"작은 교회에 다니면 생활이 모두 드러나잖아. 싫어."

그때까지만 해도 남편은 세상에 대한 사랑을 끊지 못하고 있었다. 적당히 예배만 드리고 싶어 했다. 하지만 내 기도를 들어주신 하나님이 방화동으로 이사 오게 해 주셨고 남편도 제자삼는교회에 다니게 되었다.

서울로 이사 오자마자 남편은 다시 사업을 벌였다. 원래 자신의 전공인 자동화 사업 분야였다. 처음에는 일이 잘 풀렸다. 가정 경제도 조금씩 해결되었다. 한숨 돌리나 싶었는데, 어느 날 남편이 뜬금없이 말을 꺼냈다.

"이제 한국에서는 자동화 분야가 비전이 없어. 중국에 가서 사업을 해보고 싶어."

그리고 3년 동안 중국에 나가 사업을 했다. 이번에도 역시 하나님 없이 혼자 힘으로 살아보겠다며 애를 썼다. 하지만 결과는 참패였다. 사업은 갈수록 어려워졌다. 2년 남짓 생활비를 한 푼도 보내주지 않았다. 남편 신용카드와 내 신용카드 일곱 장으로 매달 돌려막기를 하며 살았다. 결제 날짜가 돌아오면 무서움이 느껴졌다.

원래 소심한 성격인데다 힘든 사정을 누구에게도 말하지 않으니 마음은 더욱 무거워졌고 우울감을 떨칠 수 없었다. 전세에서 월세로 이사하는 것 외에는 해결 방법이 없었다.

어느 날, 목사님이 나를 불렀다.

"목자로 헌신하세요."

그 말을 듣는 순간 당황스러웠다. 하필 경제적으로 가장 어려운 시기에 헌신하라고 하시니…….

그렇지만 안한다는 소리를 할 수 없었다.

금연으로 만든 장학재단

그 즈음 우리 집 형편으로 목자를 한다는 것은 상상할 수 없는 일이었다. 우선, 내 직장이 어린이집이다 보니 목장을 섬기려면 종일 근무를 할 수 없었다. 종일 근무를 하지 못하면 그만큼 수입이 줄어드는 것을 감수해야 했다.

'왜 하나님께서는 나를 이렇게 어렵게 하시는 걸까?'

하나님을 원망하기도 했다. 그런데 목자 사역을 시작하니, 전에 보이지 않던 것들이 하나 둘 보이기 시작했다. 그동안 얼마나 속 좁은 생각에 갇혀 지내었는지 알게 되었다. 한동안 줄곧 회개만 하였다. 기도하는 가운데, 하나님께서 이런저런 어려움을 주신 것은 나를 연단하기 위한 과정이라는 것을 깨닫게 해주셨다. 지금 돌이켜 생각해보면 삶에 지쳐 영과 육이 무너져 가고 있는 나를 살리시려고 하나님이 기회를 주셨던 것이다.

부족한 사람이 목자 사역을 하려니 버거운 일이 한두 가지가 아니었다. 하지만 하나님께서 사역을 할 수 있도록 매번 상황을 바꿔주시거나 나에게 상황을 헤쳐 나갈 강건함을 허락해 주셨다. 항상 가까이 계셔서 힘을 주고 계신다는 것이 느껴졌다.

하나님은 못난 나를 참 많이 높여 주셨다. 목장식구가 결혼하면 으레 목사님이 하는 것으로 알았던 축복 기도를 내가 했다. 목장 식구가 아이

돌잔치를 하면 감사예배를 인도하였다. 그렇게 목장 식구들을 돌아보며 심방하고 기도하게 하시니 어느새 내가 영적으로 많이 자라 있었다. 그제야 목자 사역이 얼마나 크고 놀라운 축복인지, 아무나 누릴 수 없는 특혜인지 깨달았다. 만약 내가 목자 사역을 하지 않았다면 지금도 내 환경을 탓하며 우울감에서 헤어나지 못했을 것이다.

그러던 어느 날이었다. 중국에서 잠시 귀국한 남편이 목사님과 대화를 나누었다.

"다음세대를 위해 우리 교회에도 장학재단을 만들까 생각하고 있습니다."

그러자 성령님이 남편의 마음을 움직여 주셨다. 이 말을 듣고 있던 남편이 곧바로 결심을 하였다.

"담배를 끊고 그 돈을 헌금해서 장학기금을 마련하겠습니다."

장학재단이 세워졌다. 자신의 약점을 들키지 않으려고 잘 포장하고 살던 남편이 스스로 자신의 약점을 드러내며 목사님과 성도님들 앞에서 큰 헌신을 한 것이다. 놀라웠고 신기했다. 내가 잔소리할 때는 꼼짝달싹하지 않던 남편이 주님이 간섭하시자 전혀 다른 사람이 된 것이다. 그렇게 남편은 술과 담배를 하루아침에 끊었다. 남편은 지금도 이야기한다.

"이상했어. 그렇게 힘들었는데 결단하고 순종하니 너무도 쉽게 끊어지더라니까……."

능치 못함이 없는 주님을 찬양하고 또 찬양했다.

사람을 변화시키는 목장모임

목장모임을 준비하다 보면 종종 시장 볼 돈이 없었다. 목장식구들이 어떻게 알았는지 반찬을 한 가지씩 만들어 왔다. 어떤 날은 쌀을 가져오기도 했다.

"쌀을 산 지 얼마 안 되었는데 시골에서 쌀을 부쳐왔어요. 맛있는 쌀 오래 두면 벌레 날 거고, 목자님 생각나서 들고 왔어요."

그렇게 말하는 목장 식구의 마음을 짐작으로 알고 있었다. 쌀을 주면 내가 미안해 할까봐 그럴 듯하게 핑계 댄다는 것을……. 한 목장식구는 중고등학생이었던 우리 애들에게 몰래 용돈을 챙겨 주기도 했다. 목자로서 나는 아주 적게 섬겼을 뿐인데, 목장식구들은 우리 가정을 더 많이 더 크게 섬겨 주었다.

목장모임에서는 누구든 자신의 어려운 상황을 솔직하게 드러내 놓고 나누었다. 나도 힘든 상황이 되면 내 아픔을 숨기지 않았다. 그래서 기쁜 일이 있으면 함께 기뻐했고 어려운 일이 있으면 같이 울었다. 그리고 뜨겁게 기도해주었다. 함께 기도하고 응답을 받으니 영적인 가족으로서 끈끈한 관계가 유지되었다. 아무리 어려운 문제라도 기도로 해결 받으니 하나님을 경험하는 축복의 기회가 되었다.

목녀인 내가 주중에 목장식구들을 돌아보거나 VIP를 만나지 못할 상황이 되면 목장식구들이 주중에 서로 만나 섬기며 교제를 나누었다. 목장식구 모두가 서로 섬기고 챙겨주니 VIP들도 목장에 훨씬 더 쉽게 정착했다.

어느 날, 드디어 하나님이 나의 형편을 돌아보셨다. 남편이 중국에서 사업을 정리하고 돌아왔다. 그리고 목부로 헌신해 목장을 함께 섬겼다. 이윽고 남편은 목자가 되기 위해 꼭 마쳐야 하는 삶공부를 다 마쳤고 목자로 세워졌다. 나는 목녀가 되어 남편과 함께 동역하게 되었다.

나도 그랬지만, 남편은 목자로 세워질 만한 사람이 아니었다. 믿음도 약하고 말 주변도 없고 리더십도 약했다. 그런데 하나님께서 이런 남편을 세우고 사용하셨다.

남편이 목자로 세워지니 목장의 남자 식구들이 아주 좋아했다. 남편을 형님처럼 따랐고 직장일로 술이 취해도 편하게 목장모임에 왔다. 목장식구들은 목장모임에 거의 빠지지 않았다. 나 혼자 목자로 섬길 때보다 목장모임을 더 편하게 생각했다. 부부가 온전한 모습으로 목장을 섬기는 것이 하나님 보시기에도 좋았고 사람들 보기에도 좋았던 것이다. 남편은 현재 목자로, 초원지기로, 안수집사로, 초등부 부장으로 섬기고 있다.

보험금을 주시다

그동안 나에게도 많은 변화와 은혜를 부어주셨다. 목자 사역에 이어 목녀 사역을 하면서 나는 성격도 밝아지고 건강도 좋아졌다. 모든 면에서 달라졌다.

2년 전 갑상선 수술을 받을 때였다. 의사 선생님은 암은 아닌 것 같다고 하였다.

"바쁘시면 수술을 지금 안하셔도 됩니다. 여유 있을 때 천천히 하셔도 됩니다."

"이왕 해야 한다면 미룰 것 있나요?"

그래서 바로 수술 날짜를 잡았다. 막상 수술을 해보니 암은 아니라고 했지만 암으로 변해 가는 단계였다. 조금만 늦었다면 항암 치료를 받을 수도 있었다. 하나님께서 나를 너무도 사랑하셔서 곧바로 수술하게 하시고 빠른 시간 안에 회복하게 해주셨다.

건강을 주시니 새벽마다 기도하는 것도 가능해졌다. 교회는 다녀도 체력이 안 되어 새벽기도는 꿈에도 생각하지 못했는데 매일 어김없이 일어나 남편과 함께 새벽기도를 드리고 있다. 그리고 남편과 함께 하루 종일 일터에서 일을 해도 예전처럼 드러눕지 않게 되었다.

작년에 안수집사와 권사 임직식이 있었다. 감사하게도 내가 권사로 추천되었다. 그런데 임직식을 앞두고 예배실의 노후된 음향시설과 조명, 인테리어를 수정하는 공사가 있었다. 교회 예산으로 책정되지 않았던 공사였다. 모든 성도가 특별헌금으로 참여하였다. 나도 임직을 앞두고 마음을 다해 헌금하고 싶었다. 그런데 당장 지니고 있는 현금이 없었다. 주님께 매달렸다

"주님, 예배실을 꾸미는 일에 저도 한 부분 감당하고 싶어요. 그런데 주님이 주시지 않으면 구할 길이 없어요."

정말로 현금이 들어올 곳이 없었다. 기도하며 주님이 해결해 주시기만 기다리고 있었다. 며칠이 지났다. 직장에서 점심 식사를 하려는데, 전화가 걸려왔다. 모르는 번호였다. 안 받으려 하다가 왠지 궁금하여 받았다. 보험회사였다.

"고객님이 작년에 갑상선 수술을 받으셔서 보상을 해드렸는데 계산에 일부 착오가 있어 추가로 지급을 해드리려고 합니다."

그러면서 신원 확인과 입금할 통장번호를 확인해 달라고 하였다.

'요즘에는 보이스 피싱도 참 기발하게 하는구나.'

마음속으로 의심이 들었다. 건성으로 대답했다. 그런데 좀 이상했다. 수술 받았던 날짜와 병원, 보험금 지급 날짜와 계좌 그리고 금액이 정확했다. 그리고 통화하고 있는 직원이 누구인지 친절하게 확인해주었다. 보이스 피싱은 아닌 것 같았다.

"고객님, 일주 일 안으로 해당 계좌에 추가 지급분이 입금될 것입니다."

추가로 받을 것이 있다니 기분은 좋았다. 하지만 큰 기대를 가지지 않았다.

일주 일 뒤 통장을 확인했다. 그런데 내 눈을 의심하지 않을 수 없었다.

"하나님, 회개합니다. 이렇게 많이 주실 줄 몰랐어요. 이 금액은 제가 마음속으로 헌금하고 싶다고 생각했던 그 금액이잖아요? 하나님, 내 마음을 아셨군요. 너무 감사드려요."

이런 상황이 올 줄 미리 아시고 하나님이 보험금을 한꺼번에 주시지 않으신 것이 너무 감사했다. 이때를 위해 마치 적금을 들어놓듯 준비하고 계셨다가 가장 필요한 때에 주셨다는 생각이 들었다. 하염없이 눈물이 흘렀다. 주님께서 주신 보험금 전액을 헌금하였다. 주님께 드리고 싶을 때 기쁘게 드릴 수 있도록 채워 주셔서 너무 감사했다.

제자삼는교회 목녀들은 모두 심각한 목녀병을 앓고 있다. 나도 그렇다. 목녀병이란 일주일 내내 힘들고 지쳐 있다가 금요일만 되면 아침부터 기운이 펄펄 나는 병이다. 언제 아팠냐는 듯 목장식구들과 연락을 하고 애찬 준비를 한다. 나도 목녀병이라면 누구에게도 뒤지지 않는다.

목녀병을 앓게 되면 낯가림도 사라진다. 처음 보는 사람에게 거침없이 말한다.

"우리 집에 식사하러 오세요. 차 마시러 오세요."

그래서 최근에 나를 보는 사람들은 내가 굉장히 외향적인 사람인 것으로 안다. 천만의 말씀이다. 낯가림을 없애 주신 분은 성령님이시다.

또 하나, 목녀병을 앓게 되면 대중 앞에 서는 일도 가능해진다. 어느 날, 목사님이 나를 불렀다.

"목녀님, 이번에 일산 양우리교회에 간증 좀 다녀오시지요."

내세울 것도 자랑할 것도 없는 부족한 사람이 다른 교회에 가서 간증을 한다는 것은 정말 두려운 일이다. 하지만 내 이야기가 아니라 성령님이 목장에 함께 해 주신 이야기와 사역자의 삶에 부어주신 축복에 대해 말하기 시작하면 어디서 그렇게 큰 용기가 솟아오르는지, 두려움 없이 간증할 수 있다.

자녀에게 주신 복

하나님은 자녀들도 축복해 주셨다. 우리집 큰애는 미술을 전공했다. 어렸을 때부터 미술을 좋아했다. 따로 배운 적이 없지만 혼자서 취미로 익혀 나갔다. 그러더니 미술사가 꿈이 되었고 대학에 가서도 미술을 전공하고 싶다고 말했다. 많고 많은 직업 가운데 미술사를 꿈꾸니 부모로서 말리고 싶었다.

"미술이 아니면 행복할 것 같지 않아요."

큰애의 진심어린 말 한 마디에 남편과 나는 허락하지 않을 수 없었다. 멀리 부산에 있는 대학에 입학했다. 너무 먼 곳이었고, 신앙생활을 제대로 하지 않을까봐 걱정되었다. 목사님께 부탁하여 좋은 교회를 알아보았고 그 교회 담임목사님을 미리 찾아뵙고 인사를 드렸다.

대학에 입학하고 나서, 큰애는 신앙생활을 잘하는 것 같았다. 아는 사람도 없고 외롭고 힘드니 교회에 착실하게 다니며 하나님을 의지하는 것 같았다. 룸메이트도 전도했다고 했다. 무사히 군대도 다녀오고 전학년 수석으로 졸업했다. 그리고 서울로 다시 돌아왔다.

얼마 전 큰애가 '생명의삶' 공부를 마치고 간증을 하게 되었다. 그런데 그 간증을 듣고 놀라지 않을 수 없었다. 대학에서도, 군대에서도 힘들 때는 교회에 나가 하나님을 의지했지만, 편해지면 예배를 잘 드리지 않았다고 했다.

"다른 친구들과의 경쟁에서 이기고 싶었어요. 교회에서 예배드리는 시간에 마술을 연습하고 공부했습니다. 그 결과 수석으로 졸업하였고 그것이 하나님의 은혜라고 생각했습니다. 그런데 착각이었습니다. 지금 하나님을 인격적으로 만나고 보니 그 모든 것이 저에게는 부끄러움이었습니다."

하나님의 도움 없이 자신의 노력으로 이룬 것들이 전혀 자랑스럽지 않다고 고백하는 아들이 대견스러웠다. 그리고 아들의 간증 가운데 나를 울컥하게 한 대목이 있었다.

"예수님 믿는 집에서 태어난 것이 감사합니다. 영적인 유산을 부모님으로부터 물려받아서 감사합니다."

하나님이 내 기도를 들어주셨다는 확신이 들었다. 남편이 믿음의 가정에서 자랐지만 교회만 왔다 갔다 하는 선데이 크리스챤이었던 것이 늘 안타까웠다. 그래서 나는 아이들을 위해서 어려서부터 기도했다. 온전한 그리스도인이 되어 주님을 신뢰하며 주님의 영광을 증거하는 아이들로 자라나게 해달라고……. 하나님이 그 기도대로 이루어주신 것이다.

충성된 목녀로

돌아보면 우리의 섬김은 크지 않았다. 우리 형편에서 정성을 다하여 섬겼고 목장식구들과 같이 기도했고 믿음을 가졌던 것뿐이다. 그런데 하나님은 우리 목장의 섬김과 믿음을 보시고 다섯 영혼에게 세례를 허락하여 주셨다.

"죄인 한 사람이 회개하면 하늘에서는 회개할 것 없는 의인 아흔아홉으로 말미암아 기뻐하는 것보다 더하리라."(누가복음 15:7)

분가도 네 번 하였다. 사람을 변화시키고 새로운 사역자를 세우는 이 모든 일은 하나님이 알아서 해주신 일이다. 우리 목장에서 분가해 나간 네 목장이 건강하게 세워져가는 모습을 볼 때마다 하나님의 은혜에 더 크게 감사하지 않을 수 없다.

"내가 달려갈 길과 주 예수께 받은 사명 곧 하나님의 은혜의 복음을 증언하

는 일을 마치려 함에는 나의 생명조차 조금도 귀한 것으로 여기지 아니하노라." (사도행전 20:24)

나의 소망은 사도바울과 같은 마음으로 끝까지 사역하는 목녀가 되는 것이다.

목사님은 늘 말씀하셨다.

"우리의 삶은 보잘 것 없다. 그러니 이렇게 살지 않으려면 기도해야 한다. 힘드니까 기도해야 한다, 약하니까 기도해야 한다."

맞는 말씀이었다. 내 능력으로는 사역을 할 수 없기에 날마다 순간마다 성령님의 도움을 요청하지 않을 수 없다. 그래서일까? 목장식구들이 종종 자랑한다.

"우리 목자님 목녀님이 기도해 주면 기도응답이 확실해요."

내가 한 것이 아니다. 나는 기도만 했을 뿐이다. 성령님이 모든 것을 이루어 주셨는데 칭찬은 내가 받게 된다.

우리 목장의 모든 목장식구들과 VIP도 목장모임에서 훈련받고 세워져 목자, 목녀가 되기를 바란다. 평생토록 하나님의 마음을 시원하게 해 드리는 사역자로 우리와 함께 동역하기를 바란다. 그런 날이 올 것이라 믿는다.

비 오면 비 맞고 눈 오면 눈 맞고

끝이 보이지 않는 부부싸움

남편과 나는 사이가 별로 좋지 않았다. 남편은 친구 좋아하고 술 담배 좋아하고 집보다 밖을 더 사랑하는 사람이었다. 새벽별을 보며 귀가하는 남편에게 존경심이나 신뢰감을 가질 수 없었다. 부부 싸움이 시작되면 걷잡을 수 없는 행동들이 튀어나왔다. 매번 싸움은 더 커져갔다.

남편과 사이가 좋지 않으니, 남편의 구원에 대해서도 관심이 없었다. 그런데 어느 날 다른 부부들이 사이좋게 신앙생활 하는 모습이 눈에 들어오기 시작했다. 많이 부러웠다. 나도 남편과 함께 교회에 다니면 좋겠다는 생각이 들기 시작했다.

교회 식구들에게 기도를 부탁했다. 그리고 교제의 자리가 있으면 일부리 남편을 참석시키려 애썼다. 교회 식구들에게 미리 귀띔을 해두어 어떻게든 접촉점을 만들려고 노력했다. 그러던 어느 날 한 언니가 새벽기도를 해보라고 권유했다.

"그럼, 나도 한번 해볼까?"

새벽에 나가 남편의 구원을 위해 기도했다. 그리고 남편에게 말을 꺼내었다

"나랑 같이 교회 가요."

남편은 내가 교회에 나가는 것을 반대하지는 않았다. 하지만 교회에 대해 그다지 좋은 이미지를 갖고 있지 않았다. 교회 가자는 말에 남편은 아무런 반응이 없었다. 포기하지 않았다. 반응을 보일 때까지 부탁하고 부탁하고 또 부탁했다. 지금 생각하면 기도 덕분이었다. 새벽기도를 안 했다면 남편의 태도에 쉽게 지쳐서 포기하였을지 모른다. 그런데 기도를 하니, 하나님이 이루어주실 것 같은 확신이 들었다.

마침내 하나님께서 남편의 마음을 만져 주셨다. 처음에는 한 달에 한 번 예배를 드리기 시작했다. 그리고 시간이 흐르자 마침내 매주 주일 예배를 드릴 수 있게 되었다.

남편은 세례도 받았다. 남편에게 교회라는 곳은 불편하고 어렵고 낯선 곳이었을 것이다. 그런데 나의 부탁을 거절하지 않고 하나하나 들어준 것이 지금 생각해도 참 감사하다. 우리 가정을 위해 끝까지 기도하고

섬기고 수고한 교회 가족들의 마음을 하나님이 아시고 그렇게 열매를 맺게 해 주셨다.

시댁식구를 전도하다

남편에 이어 하나님은 나로 하여금 시댁 형님네 둘째를 돌아보게 하셨다. 초등학교 2학년이었던 조카는 형님네가 이혼을 하여 우울증을 갖고 있었다. 형님이 먼저 말했다.

"우리 애, 교회에 데리고 가면 좋을 것 같아."

그래서 주일마다 조카를 데리고 와서 초등부 예배를 드리게 하였다. 말수가 거의 없던 조카는 있는 듯 없는 듯 그렇게 교회를 다녔다. 하지만 성실하게 자신의 자리를 잘 지켰다. 교회를 안 가겠다고 속 썩인 적이 한 번도 없었다. 그런 아들을 보며 형님이 먼저 인정해 주었다.

"우리 애 얼굴이 늘 어두웠는데 밝아져서 좋아."

그래서 형님에게도 권유하였다.

"형님, 함께 교회 다닙시다."

형님도 큰 거부감 없이 승낙하였고 함께 신앙생활을 하게 되었다. 조카는 우울증이 완전히 치유되었으며 믿음 안에서 잘 자라났다. 매사에 의욕이 없고 꿈이 없던 조카의 모습은 온데간데없다. 지금 고 1인데 교회 안에서 행복하게 드럼 사역을 맡고 있다.

형님도 교회와 목장에 잘 정착하였다. 예수 영접 후 세례도 받았다. 형님은 요리 솜씨가 아주 뛰어난데, 그 은사로 교회 주방 사역에 헌신하고 있다.

큰 조카는 사춘기를 혹독하게 치렀다. 큰조카 때문에 마음이 너무 아팠던 형님은 마침내 새벽기도를 시작했다. 하나님께서 그 헌신을 받으시고, 큰조카의 마음도 만져주셨다. 군 입대를 하니 속 썩이던 큰아들이 아니라 군 생활 열심히 하는 의젓한 아들로 회복되었다. 휴가를 나오면 함께 예배를 드리고 있다.

그리고 하나님의 은혜로 형님과 아주버니는 재결합하여 행복하게 지내고 있다. 하나님의 살아계심과 일하심을 경험하도록 하나님이 형님네 가족에게 큰 은혜를 베푸신 것이다.

2012년 성탄 이브 축제 때였다. 손녀의 율동을 보기 위해 시부모님이 교회에 첫 발을 내디디셨다. 그리고 그 발걸음은 한번으로 끝나지 않았다. 그 다음 주부터 매주 교회에 나오셨다. 교회에 등록하고 예수 영접도 하고 성령 세례까지 받으셨다.

시아버지는 얼마 전에 돌아가셨는데, 더할 나위 없는 편안한 얼굴로 돌아가셨다. 장례를 치르는 동안 모든 가족들의 마음도 평안했다. 시어머니는 건강한 모습으로 주일마다 예배를 드리고 있다.

이렇게 교회와 예수님을 전혀 알지 못했던 시댁식구들을 주님께서는 한 사람 한 사람 불러주셨다. 그리고 주님 안에서 하나님의 자녀로 살아가는 축복을 주셨다.

"주 예수를 믿으라, 그리하면 너와 네 집이 구원을 얻으리라." (사도행전 16:31)

혼자만 예수님을 알게 하지 않으시고 가장 가까운 가족들에게 구원의 은혜를 동일하게 베풀어 주시는 하나님이 계셔서 참 행복하다. 약속의 말씀을 신실하게 지키는 하나님이 우리의 하나님이어서 너무 감사하다.

사역을 내려놓다

한동안 혼자 새벽기도를 다녔다. 어두운 골목길이 참 무서웠다. 남편과 함께 새벽기도에 나오는 성도님들이 참 부러웠다.

"저도 남편과 함께 새벽기도 할 수 있게 해주세요."

하나님께서 나의 기도에 응답해 주셨다. 그런데 기대보다 더 크게 응답해 주셨다. 사역의 기회를 주신 것이다. 목장의 분가를 앞두고 우리 부부가 예비목자와 예비목녀로 세워졌다. 목자와 목녀에게 새벽기도 헌신은 기본이므로 하나님은 그런 방법으로 남편에게 새벽기도를 할 수 있게 해 주셨다.

두 가정을 데리고 나와 새 목장으로 출발했다. 우리를 섬겨주고 세워준 목자님 목녀님을 실망시키고 싶지 않았다. 그동안 목녀님을 보면서 사역에 대한 사모함도 있었기에 참 잘 하고 싶었다.

그런데 내 마음 한 구석에 비교하는 마음이 자리 잡기 시작했다. 이전 목장의 목자님 목녀님이 사역을 훌륭하게 잘하다 보니 부족한 우리 부부랑 비교가 될 것 같았다.

이렇게 인간적인 생각이 마음에 들어차니 목장식구들과 진정한 교제가 이뤄지지 않았다. 내 쪽에서 먼저 마음의 문을 닫고 있었다. 아무리 불편해도 한 가정만 보내면 될 것을, 우리는 두 가정을 한꺼번에 이전 목장으로 보내드렸다.

마침내 남편과 나, 단 둘만 남게 되었다. 다 보내면 둘이서 잘 할 수 있을 것이라 생각했다. 그런데, 그것은 엄청난 착각과 교만이었다. 결국 얼마 견디지 못하고 사역을 내려놓았다. 그리고 다른 목장의 목장식구로 들어가게 되었다.

부끄럽기도 하고 의기소침해졌다. 하지만 새 목장에서 우리 때문에 목자님 목녀님이 힘들어 하실까봐 더 열심을 내었다. 그 과정에서 치유와 회복을 경험하였고 어두웠던 우리 얼굴에 다시 웃음꽃이 피기 시작했다.

다시 넉달 남짓 시간이 흘렀다. 그 즈음 다른 목장이 분가를 해야 하는데 마땅한 목자가 세워지지 않았다. 하나님께서 우리를 다시 불러주셨다. 교회에도 성도들에게도 덕을 끼치지 못했던 우리를 하나님께서 사역할 수 있도록 기회를 한 번 더 허락하신 것이다.

남편의 새벽기도

다시 목자와 목녀로 서약하고 새로이 출발했다. 위기였던 지난 시간을 하나님께서 헌신의 기회로 바꿔주신 것이 감사했다.

"실패는 한 번이면 된다, 두 번은 안 된다."

각오를 다졌다. 목사님도 "잘 하려고 하지 말고 바르게 하라"는 메시지를 주었다. 건강한 목장을 세워가야겠다는 결심으로 사역을 시작했다.

남편이 조금씩 변하기 시작했다. 그동안 새벽기도를 그토록 힘들어하였는데, 사역자로 두 번이나 부르시니 스스로 새벽기도에 열심을 내었다. 새벽마다 나 홀로 걸어 다니던 그 길을 지금은 남편과 차를 타고 안전하게 다닌다. 참 감사하다.

돌이켜보면 목장모임을 처음 시작했을 때 남편의 태도와 지금의 태도는 사뭇 다르다. 목장모임을 하고 있는데도 친구들한테 전화가 계속 걸려왔고 모임이 끝나기가 무섭게 친구들을 만나러 달려 나갔다. 그런 남편의 뒷모습을 보며 나도 늘 잔소리를 퍼부었다. 말로 설득이 안 될 것을 알면서도 방법을 찾을 수 없었다. 그때 목사님의 말씀이 귀에 들어왔다.

"사람의 변화는 성령님의 도우심이 없으면 안 된다."

그래서 잔소리 대신 기도에 매달렸다.

"하나님, 다 끊어지게 해 주세요. 세상 친구들 다 끊어지게 해 주세요."

그런데 참 신기하게도 하나님께서는 내 기도대로 일하기 시작하셨다. 한 사람 한 사람 남편으로부터 멀어지게 하셨고 그 많던 친구 관계가 다 끊어졌다. 어떻게 이렇게 정리될 수 있을까 싶을 정도로 모든 관계가 깨끗하게 정리되었다. 남편은 목장사역에 집중할 수 있게 되었다.

함께 성숙해지다

하나님은 남편만 변화시킨 게 아니었다. 내 안의 부족한 부분도 다루어나가기 시작하셨다. 원래 나는 감정을 아주 솔직하게 드러내는 사람이었다. 기쁘면 기쁜 대로, 화가 나면 화가 나는 대로 그 감정을 다 드러냈고 거침없이 쏟아놓았다. 말하기 싫으면 한 달도 말하지 않았다. 그런 내가 사역을 한다는 이유로 목장식구들에게 감정을 드러내지 못하고 속으로 눌러야 하니 답답해 미칠 지경이었다.

'왜 내가 저 사람들에게 이렇게 해야 하나? 나보다 나이도 많은 분들이 왜 이렇게 내 속을 썩이나?'

마음속에는 이런 생각으로 가득 차 있었고 보이지 않는 곳에서 분에 못 이겨 씩씩거릴 때가 한두 번이 아니었다. 새벽마다 하나님께 대놓고 분을 풀었다.

"하나님. 나 진짜 속상하구요, 너무 힘들어요. 제발 저분들 변화시켜 주세요."

하나님의 뜻이 어디에 있건 그렇게 내 감정만 쏟아놓고 돌아올 때가 많았다. 어쩌다 한 번씩 그러는 게 아니었다. 주기적으로 반복해서 그런 마음이 들었다.

그러자, 하나님은 뜻밖의 방법으로 하나님의 뜻을 말씀해 주셨다. 어느 주일 예배 후, 헌신대에 나가 목사님께 안수기도를 받았다. 기도의 마지막 구절이 가슴을 쿵 때렸다.

"은경 목녀에게 넉넉한 마음을 주옵소서."

한두 번이 아니었다. 목사님께 안수기도를 받을 때마다 몇 번이고 그 구절이 귀에 들어왔다. 그제야 나는 눈치를 채고 깨달았다.

'아, 내가 속이 좁은 사람이었구나. 이렇게 속이 좁아서야 어떻게 이 길고 긴 사역을 해 나가겠나?'

그래서 기도를 바꾸었다. VIP만 섬길 것이 아니라, 우리에게 붙여준 목장 식구들도 같은 마음으로 섬기게 해 달라고 기도하기 시작했다. 그리고 "주님, 나 속상합니다."라는 기도를 멈추고 "목장식구들을 불쌍히 여겨 주시고 속히 회복되게 하소서."라고 기도하게 되었다. 하나님이 그렇게 내 기도를 바꿔가기 시작하셨다.

담배는 끊어도 술은 못 끊는다

남편은 아이들을 별로 좋아하지 않았다. 예뻐하지도 않았고 관심도 두지 않았다. 경제적으로도 어려워서, 둘째아이 낳을 생각을 전혀 하지 않았다. 그런데 남편의 마음이 변하기 시작했다. 교회를 오가며 아이들을 눈여겨보기 시작했다. 교회 아이들이 마치 친형제 친자매처럼 어울리며 함께 커가는 모습을 보면서 생각을 바꾼 것 같았다.

곧이어 둘째를 임신하였다. 하나님께 기도했다.

"딸로 주세요."

그렇게 새벽마다 기도했더니 정말로 시댁식구를 쏙 빼닮은 딸을 주셨다. 딸을 낳자 남편은 전혀 달라졌다. 딸뿐 아니라 큰애까지 얼마나 사랑하고 예뻐하는지…….

하나님은 남편의 모든 부분을 다 고쳐 주셨다. 그동안 하나님 앞에서, 목장 식구들 앞에서 목자로서 나약했던 모습이 사라졌다. 가장으로서, 아빠로서 본이 되지 않았던 모든 장애물들도 하나님께서 시원스레 걷어 주셨다.

"담배는 끊어도 술은 못 끊는다."

그렇게 당당히 선포하던 남편은 지금 어디에도 없다. 술 담배를 하지 않으니, 아이들과 보내는 시간도 많아졌고 빈번했던 부부 싸움도 사라졌다. 남편의 마음과 발걸음이 더 이상 세상으로 향하지 않으니 자연스럽게 목장과 가정에 사랑이 넘친다. 지금은 가정과 목장과 교회를 위해 한 마음으로 기도하는 기도의 동역자가 되었다. 이런 일을 사람이 할 수 있을까? 하나님만이 하실 수 있다.

"하나님의 일에 헌신하면 자녀는 하나님이 알아서 키워주신다."

제자삼는교회 목자 목녀나 성도들이 이구동성으로 하는 말이다. 나도 그 말을 믿는다. 왜냐하면 그렇게 되고 있으니까……. 하나님께서는 도저히 우리 수준에서 채워줄 수 없는 복을 자녀에게 채워주고 계신다.

우리 부부가 누리지 못했던 영적인 복을 두 아이는 어려서부터 누리고 산다. 아빠 엄마의 기도를 먹고 자라고, 그 기도보다 더 풍성한 축복 기도를 교회에서 받고 있다. 아빠 엄마가 미처 채워주지 못한 사랑도 교회에서 넘치도록 받는다. 필요한 물질도 교회 식구들의 손을 통해 늘 풍족히 받는다. 그래서 우리 아이들은 교회에서나 학교에서나 밝고 건강하게 잘 자라고 있다. 그 모습을 볼 때마다 참 감사하다. 좋은 부모가 아님에도 하나님이 다 채워주시니 아이들에게 부족함이 없다.

주님께서는 살고 있는 집도 축복해 주셨다. 신혼시절 우리는 다세대 월셋집에서 살았다. 1층이라 햇빛이 잘 들지 않았고 비나 눈이 오면 습기가 많아 불편했다. 목자 목녀로 세워지니 넓은 집이 필요하였다.

"목장 모임 할 수 있는 넓은 집으로 이사 가게 해주세요."

그렇게 기도했더니 하나님께서 넓은 거실이 있는 집으로 이사를 허락하셨다. 이전에 살던 집보다 전세금이 두 배였지만 하나님이 해결해 주셨다. 3층이라 햇빛도 잘 들어오고 비나 눈이 와도 집안이 보송보송하고 쾌적했다. 교회 식구들도, 목장 식구들도, 이웃들도 부담없이 찾아와 교제할 수 있는 집이었다. 교회 아이들이 몰려와도 맘껏 뛰어놀았다. 만족스러웠다.

그런데 어느 날 한 목자님이 집에 대해 더 큰 소망을 두고 기도해 보라고 하였다. 하나님의 크기대로 사역하려면 더 큰 소망을 품는 것이 좋겠다는 생각이 들었다. 그래서 기도했고 마침 마곡 지구의 장기전세 아파트 정보를 듣게 되었다. 신청을 하고 하나님의 인도하심을 기다렸다. 한 달 후 1차 서류심사가 통과되었고 20년 장기전세 아파트에 당첨되었다는 최종 통보를 받았다. 지금 사는 집보다 두 배나 넓은 집이다.

'어쩜 이렇게 큰 복을 주실까?'

소망을 품으면 그대로 이루어주시는 하나님께 참 감사했다. 우리 가족만을 위해서 집을 달라고 기도한 것이 아니라 마곡 지구에 하나님의 나라와 하나님의 뜻이 이루어지기 바란다고 기도하였는데, 그 진심을 하나님이 아셨다고 생각한다. 마곡 지구에서 더 많은 영혼들이 예수님을 만나 우리처럼 대박난 가족으로 살기를 바란다.

새 일을 행하실 하나님

송구영신 예배를 앞두고 혼자 중얼거리고 있었다.

"카톡의 프로필을 뭘로 바꿀까?"

그 때 내 눈에 들어온 말씀이 있었다.

"보라, 내가 새 일을 행하리니 이제 나타날 것이라." (이사야 43:19)

약속의 말씀이었다. 그러더니 새해 첫 달부터 증거를 주셨다. VIP가 목장 등록, 교회 등록, 예수 영접까지 다 마치고 세례를 받았다. 우리 목장이 세워지고 2년 만에 하나님께서 주신 귀한 열매였다. 첫 열매로 이렇게 아름다운 영혼을 보내어주셨으니 얼마나 감격했는지 모른다. 그래서 고백하지 않을 수 없었다.

"이것은 우리가 애쓴 것이 아니라 오직 하나님의 은혜로 된 일입니다."

그이를 보며 9년 전 나의 모습을 떠올렸다. 영적으로 갈급한 나에게 한 언니가 예수님을 알게 해 주었고 목장의 언니들은 친동생처럼 나를 섬겨주었다. 그 섬김이 나를 세웠고 제자삼는교회에 정착하게 하였다. 그리고 마침내 부족하기 이를 데 없는 내가 사역자로 세워진 것이다. 그리고 이제는 VIP들과 목장식구들이 나와 같은 은혜를 누리도록 섬기고 기도해주고 있다. 이 모든 것이 하나님 아버지의 큰 은혜이다.

제자삼는교회에서 나는 청소 잘하기로 유명하다. 청소를 진짜 좋아하고 잘한다. 스트레스를 받으면 다른 일 다 제쳐놓고 청소와 주변 정리로 기분을 푼다. 제자삼는교회에 와서 청소 좋아하는 그 기질이 하나님이 주신 은사라는 것을 알게 되었다. 남보다 잘하는 것이니 자신 있게 감당하고 있고 청소하는 그 시간이 얼마나 신나고 행복한지 모른다.

하나님은 직업도 주셨다. 10년 남짓 전업주부였던 나에게 간호사 자격증 시험을 보게 하셨는데, 당당히 합격하였다. 지금은 어린이집의 양호 교사로 일하고 있다. 일터에서도 그리스도인으로서 선한 영향력을 끼칠 수 있어서 너무 감사하다.

믿음도 없었거니와 탈도 많고 말도 많고 문제투성이였던 우리 부부를 금슬 좋은 부부로 만들어준 교회, 하나님 나라를 위한 사역자로 세워준 교회, 말이 아니라 삶으로 본을 보여주는 목자님들과 목녀님들이 있는 교회가 제자삼는교회이다. 더욱이 새벽마다 세 시간 넘게 기도하는 목사님과 사랑과 배려심이 넘치는 사모님을 만났으니 열 번을 생각해도 백 번을 생각해도 하나님이 우리 가정을 제자삼는교회로 보내주신 것은 큰 은혜이다. 이루 말할 수 없는 큰 은혜이다.

한 사람의
인생을 바꾼
따뜻한
밥 한끼

자녀가 질병에 걸리거나
사고를 당하면
부모는 자신이 모든 것을
해 줄 수 없다는 것을 배웁니다.
자녀도 하나님의 소유이기에
하나님이 간섭하시고 축복해 주셔야만
행복하게 자라날 수 있습니다.
자녀의 모든 것을 하나님께 맡기고
행복해진 두 엄마의 이야기입니다.

하나님께 자녀 맡기기

땅에서 너는 뭐하다 왔니?

내 능력의 끝에서 하나님은 능력을 행하시고

땅에서 너는 뭐하다 왔니?

주일을 꼭 지키겠습니다

큰딸이 네 살 되던 해, 추석 명절이었다. 연휴에 주일이 끼여 있었다. 주일에 교회를 못 가는 것이 마음에 걸렸다. 하지만, 명절이니 어쩔 수 없었다. 시댁은 어른들이 안 계시고 큰형님만 계시기에 큰형님 댁으로 갔다.

해가 기울어 가는데, 놀이터에 놀러간 큰애가 돌아오지 않았다. 5분, 10분, 시간이 지날수록 마음이 타들어갔다. 큰애를 못 찾을 것 같은 절망감이 점점 더 크게 밀려왔다. 온 동네를 찾고 찾았다.

"하나님, 도와주세요. 하나님 도와주세요."

아이를 잃어버린 엄마의 심정이 어떤 것인지 당해본 사람만 안다. 나는 그 때 거의 미쳐 있었다. 얼마나 무섭고 두려운지 죽을힘을 다해 외치며 기도했다.

다섯 시간 만에 파출소에서 딸을 찾았다. 놀이터에서 놀다가 방향감각을 잃어버렸고 너무 무서워 울면서 앞으로만 달려갔다고 했다.

"너 길을 잃어버렸구나."

다행히 어떤 아저씨가 울고 있는 딸을 보고, 동사무소로 데리고 왔던 것이다. 나를 보자마자, 눈물로 얼룩진 얼굴로 딸이 말했다.

"하나님께서 나를 사랑하신 거예요. 엄마를 다시 만나게 해 주신 거예요."

그 말을 듣자 가슴이 먹먹해졌다. 그래서 결단하게 되었다.

"하나님, 이제 무슨 일이 있어도 주일을 꼭 지키겠습니다."

그날 이후로 나는 주일을 생명보다 더 소중히 지키고 있다. 하나밖에 없는 친정동생의 결혼식에도 가지 않았다. 결혼 날짜를 토요일로 잡으라고 그렇게 부탁했건만 동생은 기어이 주일로 정했다. 하지만 혈육의 결혼보다 하나님과의 약속이 더 중요했기에 나는 예배를 선택했다.

그 일로 내 결심이 얼마나 굳센지 남편과 주위 사람들이 확실히 알게 되었다. 그리고 주일에 어디에 가자고 두 번 다시 말하지 않게 되었다. 남편도 주일성수를 가장 중요한 일로 여기게 되었다.

"신앙의 1세대는 모든 어려움과 역경을 막아야 하는 사람들이다. 그

동안 신앙으로, 기도로 심은 것이 없기 때문에 1세대가 겪는 어려움은 당연하다. 개척자는 가계에 흐르는 저주를 온 몸으로 막아야한다. 두려워하지 말아야 한다."

우리 가문의 영적인 저주를 헤아려 보았다. 미신, 샤머니즘, 술……. 친정과 시댁 모두 영적인 저주에서 헤어나지 못하고 있었다. 먹고 사는 것이 급해서 아등바등 살고 있었다. 정신이 번쩍 들었다. 하나님이 내게 주신 두 딸에게만은 이 절망스러운 현실을 물려주지 않아야겠다고 다짐했다. 그렇게 깨닫고 나서, 어떠한 영적인 시련과 어려움이 와도 개척자의 정신으로 막아내고 이겨내려고 발버둥을 쳤다.

작은딸의 입원

나의 다부진 결단에 비해, 남편은 큰 교회를 마다하고 작은 개척교회에 나가는 것을 탐탁지 않게 여겼다. 큰 교회에 나가 주일예배만 드리고 싶어 했다. 그 문제로 남편과 종종 다투었다. 그 다툼을 하나님은 매우 특별한 방법으로 해결하여 주셨다.

어느 날, 여섯 살 된 작은딸이 감기에 걸린 것 같았다. 동네 약국에서 약을 사다 먹였다. 그런데 열이 내리기는커녕 점점 더 오르기 시작했다. 열이 몇 시간째 떨어지지 않았다. 마침내 작은딸은 경련을 일으키며 쓰러졌다.

딸을 업고 이대목동병원으로 달려갔다. 딸은 나를 알아보지 못하고 계속해서 경련을 일으켰다. 아무것도 먹지 못한 채 링거를 주렁주렁 매달게 되었다. 두려웠다.

교회 식구들이 우리 가정을 위해 부르짖으며 기도하였다. 초등학교 1학년인 큰딸도 동생을 위해 있는 힘을 다해 기도하였다.

"원인을 알 수 없습니다. 더 큰 병원으로 가보시죠."

입원한 지 2주만에 서울대 병원으로 옮겨야 했다. 구급차 안에서 눈앞이 보이지 않을 정도로 울었다. 불치병에라도 걸렸으면 어쩌나 싶어 두렵고 무서웠다.

그런데 어느 순간, 작은딸이 갑자기 눈을 동그랗게 뜨고 말하였다.

"엄마, 울지 마."

그 말에 깜짝 놀랐다. 잠시 딸을 바라보다가 또 울었다. 내가 우니 딸도 울었다.

"고칠 거니까 걱정 마."

내 입에서 불쑥 나온 말이었다. 하나님이 계시다면 작은딸을 내버려 두지 않으실 것이라고 믿었다.

서울대 병원에 가서 원인을 찾았다. 해열제 부작용이었다.

"특정한 성분이 들어있는 해열제가 있습니다. 따님은 이 해열제를 절대로 먹어서는 안 됩니다. 처방해준 약만 먹이세요."

한 달 만에 퇴원하여 집으로 왔다. 하지만 딸에게서 한시도 눈을 뗄 수가 없었다. 마음 놓고 잠을 잘 수도 없었다. 나는 매사에 안정을 찾지 못하고 염려와 두려움의 나날을 보냈다.

작은딸을 위해 간절히 기도할 수밖에 없었다.

"하나님. 작은딸에게 건강 주세요. 약 안 먹게 해주세요. 다른 것 구하지 않을 게요."

기적같이 기도의 응답을 받았다. 약을 안 먹어도 아무렇지 않게 되었으며 그렇게 한 달이 무사히 넘어가고 여섯 달, 1년이 지났다. 작은딸은 점점 더 튼튼해지고 영리해졌고 건강해졌다. 5년도 무사히 넘겼다. 5년이 넘으면 다 나은 것이라고 의사가 말했던 것이다.

큰딸과 작은딸에게 일어났던 일로 남편은 제자삼는교회의 모든 식구들이 우리 가정을 위해 기도해 주었다는 것을 알게 되었다. 그리고 대형교회에 대한 미련을 버리게 되었다.

두 딸을 지켜주신 하나님

두 딸을 키우며, 내가 두 딸에게 해줄 수 있는 것이 없다는 것을 절실히 깨달았다. 그리고 내 삶이 하나님 안에 있을 때 가장 풍요로운 것처럼 두 딸의 인생도 하나님이 간섭하셔야 하고 그래야 행복하다는 것을 알았다.

두 딸은 건강하고 예쁘게 자랐다. 하나님은 두 딸의 전공 선택도 재능에 맞춰 정확하게 인도하셨다. 큰딸은 초등학교 때 피아노를 잠깐 배웠다. 그런데 그 실력으로 중고등부 때 교회에서 신디사이저 반주자로 섬겼고 찬양단 싱어로 섬겼다.

"선생님. 저는 대학 가서 교회 음악을 하고 싶어요."

큰딸이 고2 때, 교회 담임선생님과 상담을 하며 그렇게 자신의 포부를 밝혔다. 큰딸이 잘 할 수 있고 행복해 하는 일, 그리고 엄마인 내가 바라기도 하는 일. 하나님은 그것을 정확히 아시고 큰딸의 진로를 허락해 주셨다. 큰딸은 바라던 대로 기독교실용음악과에 보컬로 합격했다.

작은딸도 건강하고 밝게 자라나 교회에서 찬양 사역, 유치부 교사 사역을 맡았다. 유치부에서 아이들을 잘 섬기더니 대학에서 유아교육을 전공하고 있다.

두 딸이 대학에서 공부하는 모습만 보아도 내게는 감사와 기쁨이 넘쳤다. 비싼 과외는 엄두도 못 내었고 변변하게 학원도 보내지 못했는데 하나님이 선하게 인도하신 것이다.

"믿음은 바라는 것들의 실상이요, 보이지 않는 것들의 증거니" (히브리서 11:1)

나는 말씀을 믿었고 기도했다. 그리고 두 딸에게 특별한 무엇인가를 해주기 보다, 내게 주어진 교회 사역을 우선순위에 두고 생활했다.

"하나님의 일을 하면 자녀의 장래 문제는 하나님이 책임져 주신다."

목사님과 제자삼는교회 식구들이 입버릇처럼 하는 말인데, 그 말 그대로 하나님은 두 딸에게 모든 것을 채워주셨다.

큰딸과 종종 배우자에 대한 이야기를 나눴다.

"부모님이 모두 신실한 그리스도인이면 좋겠다. 남편 될 사람도 예수님을 인격적으로 만난 사람이어야 해. 자상하고 책임감 있는 사람을 고르면 좋겠어. 그래야 살면서 어떤 어려움이 와도 서로 신뢰하며 그 어려움을 헤쳐 나갈 수 있어."

그리고 딸과 함께 기도했다. 큰딸은 입학하자마자 같은 과의 남학생과 교제를 시작하더니 졸업하자마자 결혼했다. 서로 신앙이 뜨거웠고 영적인 이상이 같아 보여 결혼을 허락했다.

딸이 신혼여행을 가면서 편지를 남겼다.

'엄마, 그동안 잘 키워주셔서 고마워요. 엄마가 우리를 헌신적으로 사랑하고 믿음의 본을 보여준 것처럼 앞으로 나도 주님 안에서 믿음의 가정을 훌륭하게 세워 나갈게요.'

왈칵 눈물이 쏟아졌다. 너무 일찍 결혼시키는 게 아닌가 하여 안쓰러웠는데, 딸은 자신이 무엇을 해야 하는지 잘 알고 있었다. 지금 큰딸은 자신을 닮은 예쁜 딸을 낳아 키우고 있다. 아이 엄마로, 아내로, 며느리로, 그리고 나의 딸로, 교회에서는 여전히 찬양사역자로 그 역할을 잘 감당하고 있다.

큰딸의 향유 옥합

재작년 부활절이었다. 큰딸이 부활절 감사헌금으로 제법 큰돈을 헌금했다고 말했다.

"이레 아빠가 수입이 없잖아요? 그런데 부활절 감사헌금을 드리고 싶은 거예요."

소망을 품자, 하나님이 성경 말씀을 생각나게 해 주셨다고 했다.

"네 보물 있는 그곳에는 네 마음도 있느니라." (마태복음 6:21)

그 말씀이 떠올랐고 결혼 예물로 받은 보석이 생각났다는 것이다.

"집 안에 보관하는 것이 늘 부담되었어요. 숨겨 놓는 것도 일이었고 신경이 쓰였어요."

하나님의 뜻이 무엇인지 깨닫자마자, 큰딸은 곧바로 보석을 들고 나가 팔았다는 것이다. 그리고 그 돈 전부를 감사헌금으로 드린 것이었다. 향유 옥합을 깨뜨려 주님께 드렸던 아름다운 여인처럼 큰딸이 그런 고운 마음으로 하나님께 예물을 드린 것이 기특했다.

"엄마의 사랑과 기도로 제 믿음도 이렇게 자랐어요. 우리 딸 이레도 잘 키워서 믿음의 유산을 물려줄 거예요. 하나님이 우리 가정을 지켜 주실 것이니 너무 걱정하지 마세요."

너무나 감사했다. 내가 자녀에게 투자하거나 뒷바라지 한 것에 비하면 하나님이 해결해 주시고 채워주신 것이 얼마나 풍성하고 큰지 모른다.

가끔 두 딸과 함께 옛날 사진첩을 꺼낼 때가 있다. 사진을 보며 개척교회 시절의 추억을 나누곤 한다. 그럴 때마다 우리 가족의 삶이 얼마나 변화되었는지, 내 자신이 얼마나 가치 있는 삶을 살고 있는지 깨닫게 된다.

20년 전, 1994년 9월이었다. 하나님의 은혜로 우여곡절 끝에 방화동에 4층 건물을 지었다. 상가 건물이라 4층에는 우리가 살고 나머지는 세를 놓았다. 지하에 개척교회가 들어온다고 하였다. 그렇잖아도 교회가 멀어서 힘들었는데 같은 건물에 교회가 들어오니 그리로 다녀야겠다는 마음이 생겼다.

어느 날, 제자삼는교회라는 간판이 내걸렸다. 지하로 내려가 목사님을 만났다.

"목사님, 이 교회 다녀도 되나요?"

목사님은 기꺼이 허락해 주었다. 그렇게 해서 우리 가정은 제자삼는교회의 첫 성도가 되었다. 그 때 나는 네 살, 두 살 된 딸을 키우던 평범한 애기엄마였다. 삶의 목적도 찾지 못했고 자존감도 없었다. 교회에 대한 기대도 크지 않았다. 그저 예배만 드리면 된다고 생각했다.

그런데 하나님이 나와 우리 가정을 특별하게 사랑하셔서 제자삼는교회로 보내어 주셨다는 것을 나중에야 깨달았다. 목사님의 탁월한 리더십과 영성으로 강건하게 양육 받아 지금처럼 사역자로 세워지리라고는 그 시절 전혀 생각하지 못했다. 세월이 흐를수록 그 큰 사랑과 부르심에 감격한다. 제자삼는교회로 불러주신 것은 평생의 감사 제목이다.

수술비 40만원

한번은 큰애가 탈장 수술을 받아야 했다. 수술비가 없어서 걱정만 하고 있었다. 그런데 목사님과 사모님이 흰 봉투를 내밀었다. 빨리 병원에 입원하여 수술을 받으라고 하였다. 봉투 안에는 수술비 40만원이 들어 있었다.

'교회 개척하느라 목사님 가정이 더 어려울 텐데 우리 형편을 어찌 아셨을까?'

너무 감사하고 죄송하여 고맙다는 말도 제대로 못하고 돌아섰다. 그리고 기도했다.

"하나님, 너무 감사합니다. 이 은혜 잊지 않겠습니다. 하나님의 교회를 세우는 데 우리 가정이 필요하다면 언제든지 사용해 주세요. 십일조도 많이 하고 헌금도 많이 하게 해 주세요."

그런데 지금까지 그 40만원을 갚지 못했다. 아니 갚지 않았다. 당분간 갚지 않을 것이다. 갚을 수도 있지만 갚아버리면 목사님 사모님과 깊이 연결된 끈이 끊어질 것 같기 때문이다. 돈 욕심을 내는 것이 아니다. 훗날 제자삼는교회를 위해 백 배, 천 배, 더 크게 갚을 기회를 하나님이 주실 것을 확신하기 때문이다.

교회에서 처음 맡은 사역은 주일학교 교사였다. 교사 사역은 지금까지 20년 동안 계속하고 있다. 그 시절, 교회가 지하에 있다 보니 제 발로 찾아오는 성도가 없었다. 아이들이라고 다르지 않았다. 발로 뛰어서 전도하여 아이들을 모으지 않으면 안 되었다. 가가호호 전도지를 돌리고 주보를 돌렸다. 공원에 나가 아이들에게 교회 가자고 말하였다. 한주도 거르지 않았다. 비가 오나 눈이 오나 쉬지 않고 다녔다.

뭔가를 잘 알거나 지식이 있어서 한 것이 아니었다. 맨몸이어도 내게 주신 사명이라 생각하여 정말 열심히 뛰어다녔다. 엄마가 주님을 위해 기도하고 헌신하는 모습을 먼저 보여야 훗날 두 딸에게도 할 말이라 있을 것 같았다.

그런데 힘든 것이 있었다. 새벽기도였다. 밤잠이 없는 대신 새벽잠이 많았기에 결단하기가 정말 쉽지 않았다. 그런데 어느 날 목사님의 말씀이 귀에 크게 들려왔다.

"지금 기도하지 않으면 육신은 편할 것이다. 그리고 달라지는 것도 별로 없을 것이다. 그러나 5년 후에, 10년 후에 기도한 사람과 기도하지 않은 사람의 차이는 상상할 수 없을 만큼 클 것이다. 그때 가서 후회하지 말고 지금 편할 때 기도의 씨앗을 심어 놓아야 한다. 많이 심는 자가 많이 거둘 때가 반드시 온다."

목사님의 강한 양육으로 나는 새벽기도뿐만 아니라 어떤 사역을 맡겨도 순종하는 사람으로 바뀌어 갔다. 실수투성이라 부끄러울 때도 많았지만 하나님이 그때그때 감당할 수 있는 힘과 지혜를 주셨다.

왠지 사는 것 같이 산다는 생각이 들었다. 살아야 할 이유를 찾은 것 같았다. 나도 가치 있는 삶을 위해 태어났다는 것이 믿어졌다. 세상의 어느 누가, 이름 없는 아줌마에 불과한 나에게 하나님의 거룩한 일을 맡기고 나의 가치를 인정해 주겠는가? 제자삼는교회니까 가능했다. 그것이 너무 감사하여 어떤 어려운 일이 있어도 사역을 포기하지 않았다. 그 진심을 하나님이 아시고 늘 평안과 즐거움을 주셨다.

스무 살의 목녀

목사님이 가정교회를 시작한다고 선포하였고 남편과 나도 목자 목녀로 뽑혔다. 지금 생각해 보면 좋은 성품도 갖지 못했고 리더십도 없고 능력도 없는 사람인데 하나님이 우리 가정을 복주시기 위해 세워주신 것이다.

목녀 사역을 하면서 가장 보람 있고 감사한 순간을 꼽아 보았다. 예수님을 알지 못했던 영혼이 예수님을 영접하고 세례를 받고 삶공부로 세워져 마침내 허그식을 하는 것이다. 연약한 영혼들이 주님 안에서 새롭게 변화되는 모습이야말로 목녀 사역의 최고 기쁨이자 자랑이다.

반대로, 목녀 사역을 하면서 힘든 것은 다른 사람이 아닌 나 자신 때문이었다. 나의 약한 모습이 보일 때마다 그것을 인정하고 고쳐야 하는 것이 참 힘들었다. 영적인 리더십도 부족하고, 좋은 성품도 아니고, 목장식구들을 더 따뜻하게 안아 주지도 못하고, 섬기는 데 서투르고, 내 자아를 버리지 못하고……. 어쩌면 그리도 연약한 모습이 많은지, 나 자신의 숨은 모습을 발견 할 때마다 참 힘들었다. 더욱이 목장에 방문자가 없으면 불안하고 초조하고 마음이 급해졌다. 예수님을 믿는다는 것은 그분의 능력과 부요함을 믿는 것인데 내 힘으로 뭔가 하려 하다가 한계에 부딪힐까봐 두려웠던 것이다.

"볼지어다. 내가 세상 끝날까지 너희와 항상 함께 있으리라." (마태복음 28:20)

그럴 때마다 말씀을 떠올리며 마음을 새롭게 다졌다. 나에게 무슨 힘이 있고 능력이 있으랴. 주님이 함께 하시니 여기까지 온 것이다. 앞으로도 그럴 것이다. 오직 주님이 함께 해주실 때 사역을 끝까지 붙들 수 있을 것이다.

훗날, 하나님이 나를 부르실 때를 생각해 본다.

"딸아, 땅에서 너는 뭐하다 왔니?"

그때 자랑스럽게 대답할 것이다.

"하나님, 저는 제자삼는교회에서 목녀로 사역하다 왔어요."

그날을 꿈꿀 수 있어서 행복하다.

얼마 전에 두 딸로부터 이런 고백을 들었다.

"엄마 아빠의 기도 덕분에 흔들리지 않는 하나님의 자녀로 살 수 있어서 참 감사해요."

감격스러웠다. 하나님께서 두 딸의 고백을 듣게 하셔서, 그동안의 수고를 위로해주셨다. 하나님의 일을 하면 하나님께서는 내가 기도하지 못한 것까지도 주밀하게 인도해 주심을 확신한다.

올해 나는 스무 살이다. 영적인 나이가 그렇다. 제자삼는교회가 개척하자마자 한 식구가 되었고 비로소 영적으로 다시 태어났으니 교회와 같이 나이를 먹고 있는 셈이다. 20년 동안 제자삼는교회를 통해 하나님이 일하실 때마다 부족한 나를 사용해 주셔서 너무 감사하다. 두 딸에게 신앙의 유산을 물려 줄 수 있어서 더 행복하다.

"주님의 은혜로 20년, 성령의 능력으로 20년"

올해 제자삼는교회의 표어처럼, 나 또한 앞으로 남은 20년의 시간을 성령의 능력으로 달려갈 것이다.

내 능력의 끝에서 하나님은 능력을 행하시고

위험한 상태입니다

혜연이가 여섯 살 때의 일이다. 어린이집에서 1박 2일로 여름 캠프를 떠났다. 도착 예정 시각보다 조금 늦게 어린이집 차가 도착했다. 올망졸망 아이들 속에 섞여 있는 혜연이를 보았다. 그런데, 이게 무슨 일인가? 다른 때 같았으면 밝게 웃으며 내 품에 쏙 들어왔을 것인데, 혜연이는 그럴 마음도 힘도 없어 보였다. 지치고 창백한 얼굴이었다.

"혜연이가 열이 좀 있어요. 아침에는 조금 토했고요."

소아과에 들렀다.

"감기네요. 약 지어 드릴게요."

그날 밤, 약을 먹었지만 혜연이는 여전히 상태가 좋지 않았다.

'괜찮을 거야. 감기니까 약 먹고 쉬면 나을 거야.'

캠프가 힘들었다고만 생각하고 마음을 다독였다. 그런데 혜연이는 밤새 고통스러워했다. 다음 날 아침이 되도록, 아무 말도 못하고 고열에 시달리니 덜컥 겁이 났다. 아침밥도 먹는 둥 마는 둥 하고 서안복음병원 응급실로 달려갔다.

"장내에 가스가 많이 찼네요. 애가 지쳐서 탈진할 수 있으니 우선 링거부터 놓아 드릴게요."

오후 세 시. 링거도 다 맞았고 큰 걱정 없이 집으로 오려고 하였다.

"엄마, 아파. 배 아파."

괜찮아진 것 같았는데, 혜연이가 토하기 시작했다. 이번에는 아프다고 울고 불고 난리를 피웠다. 응급실 담당자가 소아과로 안내했다.

"맹장염이네요. 외과로 가세요."

외과에 갔다.

"복막염으로 진행되었어요. 수술해야 합니다."

자꾸 일이 커지니, 어안이 벙벙했다. 눈앞이 캄캄해지고 다리가 후들거렸다. 여섯 살짜리 애가 무슨 맹장염이란 말인가. 목사님이 급히 달려오셨다. 마음이 조금 진정되었다.

수술이 끝나고 의사 선생님은 떼어낸 맹장을 보여 주었다.

"터진 지 오래 되고, 고름이 등에까지 퍼졌구요. 위험한 상태입니다."

녹색 고름

밤이 무서웠다. 잠을 자지 못하고 고통스러워하는 딸을 보며 내 얼굴도 하얗게 질렸다. 배에서 고름이 자꾸 흘러 나왔다. 붕대를 적시고 침대 시트를 적셨다. 진통제도 큰 효과가 없었다. 괴로워하는 딸 옆에서 뜬눈으로 밤을 새웠다.

고름은 멈추지 않았다. 처음엔 누런색이더니 시간이 흐를수록 녹색으로 변해갔다.

"예상했던 대로 좋지 않은 균이 퍼졌습니다."

"무슨 말씀이신지……."

"이 바이러스는 아주 최악이에요. 급성 맹장염을 일으킨 바이러스인데, 치료가 힘듭니다. 약값도 비싸고 회복되는 데 시일도 오래 걸립니다."

혜연이의 상태는 점점 더 나빠지고 있었다. 나는 식욕을 잃어버렸고 종일 눈물만 흘렸다.

"주님, 도와주세요. 도와주세요."

아파하는 딸을 위해 내가 해 줄 수 있는 것은 기도밖에 없었다.

맥추감사주일이었다. 혜연이만 병원 침대에 두고 나와 교회에서 예배를 드렸다. 눈물만 흘렀다.

"하나님, 예쁘고 착한 딸을 주셨는데 그동안 감사하지 않았어요. 그리고 딸을 많이 사랑하지 못했어요. 용서해 주세요. 그동안 평안함을 누리면서도 주님께 더 충성하지 못한 것도 용서해 주세요. 혜연이에 대한 모든 두려움을 주님께 내어드립니다. 주님이 치료하시고 돌보아주세요. 의지할 수 있는 주님이 계셔서 감사해요."

예배를 드리고 병원에 왔다.

"가스가 나왔어요."

간호사들이 나를 보자마자 기쁜 소식을 알려주었다. 자신의 일인양 기뻐하는 그들을 보며 깨달았다. 어떠한 상황에서도 주님께 감사하고 주님 앞에 근심을 맡겨 드리면 평안을 지켜주신다는 것을…….

재수술을 해야 합니다

혜연이의 상태가 조금씩 나아졌다. 물도 마시고 미음도 먹었다. 죽도 먹었다. 뭔가를 먹을 수 있으니 혜연이가 더 좋아했다. 마음이 놓였다.

"엄마. 또 아파."

그런데 다시 시작이었다. 잠을 자려면 진통제 없이는 안 되었다. 회복만을 기다리고 있건만 상태는 다시 나빠지고 있었다. 물 먹은 것도 토하기 시작했다.

"장에 문제가 있는 것 같습니다. 코에 호스를 꽂아야 합니다."

장을 운동할 수 있게 하려면 그 방법밖에 없다고 했다. 의사가 해야 한다 하니, 동의했다. 그런데 맙소사. 내가 생각한 것보다 훨씬 더 고통스러운 일이었다. 혜연이는 눈을 부릅뜨며 소리를 질러대었다. 금방이라도 죽을 듯이 고통스러워하는 모습에 나는 어쩔 줄 몰라 했다. 마침 그 순간에 목사님, 사모님, 전도사님이 오시지 않았더라면 나는 실신이라도 했을 것이다.

5인 병실에서 아이가 비명을 지르니 입원한 모든 환자들이 놀라고 안타까워했다. 2인실로 옮겼다. 그날 밤이 너무 두려웠다. 혜연이가 어떻게 될 것만 같았다. 전도사님이 모든 일을 제쳐놓고 그날 밤을 함께 해 주었다. 불안한 마음을 진정시킬 수 있었다.

혜연이는 링거로 버티고 있었다. 위에 고인 나쁜 액을 빼내야 했고 장에 꽉찬 가스를 뽑아내야 했다. 그 와중에 토하면 호스가 빠졌고 다시 꽂아야 했다. 혜연이는 그때마다 사색이 되어 갔다.

"아무래도 재수술을 해야겠습니다."

의사의 그 한마디에 마음 한구석이 쿵 내려앉는 것 같았다.

입원한 지 보름이 지나고 있었다. 같은 병실에 다섯 살짜리 꼬마가 입원했다. 탈장 수술을 받아야 하는 아이였다. 심심하게 지내다가 또래가 오니 혜연이가 무척 좋아했다. 축 처져 있던 혜연이가 그 꼬마와 함께 지내면서 생기가 돌았다. 어리광도 피웠다. 혜연이에게 병을 이겨낼 의지를 갖게 하시려고 하나님이 꼬마를 보내주신 것 같았다.

꼬마가 수술을 끝내고 미음을 먹던 날이었다. 혜연이가 그 모습을 몹시 부러워했다. 스스로 먹고 싶은 욕구를 가지니, 장이 움직이기 시작했다. 좋은 징조였다. 하지만 의사 선생님은 내 바람과는 상관없이 쐐기를 박았다.

"이 정도로 좋아졌다고 할 수 없습니다. 예정대로 수술을 해야 합니다."

교회에서는 여름 성경학교가 시작되었다. 눈물이 났다. 혜연이가 그 자리에 있지 않고 병원 침대에 있는 것이 너무 슬펐다. 해마다 성경학교를 섬겼던 나도 아무런 봉사를 할 수 없는 것이 안타까웠다.

"하나님, 우리는 왜 이곳에 있어야 하나요?"

내게 가르쳐 주신 것들

"집사님, 걱정마세요. 성경학교는 저희들이 알아서 잘 하고 있어요."

틈틈이 병실을 들르는 교회 식구들이 고마웠다. 그리고 그렇게 충성하고 있는 그들이 부러웠다. 충성할 수 있는 것도 하나님이 기회를 허락해 주셔야 한다는 것을 그때에 깨달았다. 목사님과 사모님, 교회 식구들의 기도는 계속되었다. 주일학교 아이들까지 혜연이를 위해 간절히 기도하고 있다고 했다. 친정어머니는 철야기도도 마다하지 않으셨다.

기도 덕분이었다. 어느 순간, 혜연이의 안색이 눈에 띄게 좋아졌다. 다른 때에 비해서 가스가 많이 나오기 시작했다. 가스로 불룩 했던 배가 눈에 띄게 가라앉기 시작했다. 낫고 있다는 증거였다. 사나흘 동안 상태가 급속히 좋아졌다. 기적이었다. 수술도 하지 않아도 된다고 하였다. 너무 감사했다.

"하나님. 알겠습니다. 철저히 항복합니다. 내가 얼마나 나약한지, 얼마나 고쳐야 할 부분이 많은 사람인지 똑똑히 알았습니다. 이 모든 것이 주님의 은혜요 사랑입니다."

배의 상처가 거의 아물었다. 코에 꽂았던 호스도 빼내었다. 호스를 빼내자 혜연이는 그 자유로움에 기뻐서 어쩔 줄 몰라 했다.

드디어 링거 주사도 빼냈다. 퇴원을 앞두고 있었다. 20일만에 혜연이는 환자복을 벗고 평상복으로 갈아입었다. 늘 입던 옷인데, 옷이 헐렁했다. 깡마른 다리와 얼굴을 보며 측은한 마음이 들었다. 옷을 갈아입자 혜연이는 기뻐 뛰며 춤을 추었다.

혜연이의 입원으로 하나님이 내게 무엇을 가르쳐 주시려 했는지 생각해 보았다. 어떠한 상황 가운데서도 감사하고 하나님을 의지하라고 가르쳐 주셨다. 그리고 기회 주실 때 기쁜 마음으로 충성해야 한다는 것도 가르쳐 주셨다. 교회 식구들에게는 한마음으로 기도할 때 하나님이 선한 결과를 주신다는 것을 체험하게 해 주셨다.

하나님은 언제나 당신의 백성을 사랑하고 보호해 주신다. 나도 혜연이도 그 사랑을 잊지 않을 것이다. 어찌 잊을 수 있겠는가. 이토록 생생하게 체험했는데…….

내 만족을 위한 열심

혜연이는 올해 스물여섯 살이다. 대학도 졸업했고 직장도 다니고 있다. 유럽여행도 다녀오고 아프리카 여행도 다녀왔다. 그만큼 건강하다. 교회에서 예배 반주자와 유치부 교사로 사역하고 있다. 나에게 없는 끼가 있어서, 교회 찬양대회나 성탄 발표회 때 무대를 주름잡는 스타로 활약하고 있다.

지난 세월을 되돌아보니 기적이 아닌 것이 없다. 딸의 고통 앞에서 소심한 모습으로 두려워하고 울었던 나는 담대하게 복음을 전하는 전도사가 되었다. 불신자였던 남편은 예수님을 인격적으로 만나 장로와 목자가 되었다. 아들은 찬양단에서 베이스기타와 바이올린 연주를 맡고 있다. 온 가족이 평안하고 건강하며 날마다 축복에 둘러싸여 산다. 이 모든 것은 하나님만이 주실 수 있는 은혜이다. 제자삼는교회에서 잘 양육받았고 삶으로 순종했기에 받은 은혜이다.

나는 서른다섯 살에 제자삼는교회에 왔다. 아이들이 네 살, 세 살 때였다. 제자삼는교회에 오기 전, 나는 꽤 괜찮은 성도였다. 아니 그렇게 착각하며 살았다. 주일 성수, 십일조, 헌금생활, 봉사와 섬김……. 그 정도면 나무랄 데가 없었다.

하지만 하나님의 인도로 제자삼는교회에 와서 맨 처음 깨달은 것은, 그동안의 신앙생활이 하나님을 기쁘게 해드리지 못한 반쪽짜리였다는 사실이다. 겉으로 보기엔 언제나 열심을 내었다. 하지만, 내 만족을 위한 열심을 낸 것이지 하나님의 뜻에 따른 것이 아니었다. 그것을 깨닫자마자 그동안의 무지에 대해 회개하였다. 그리고 하나님의 음성을 들으며 날마다 변해가기를 사모하였다. 그리고 내 안에서 나올 수 없는 큰 꿈과 비전을 바라보며 살게 되었다.

이렇게 된 데에는 목사님의 양육이 가장 큰 역할을 하였다. 불평과 불만을 되풀이하여 내뱉었지만 한 번도 싫은 내색 없이 끝까지 경청해주셨다. 새벽기도를 몰랐던 나에게 새벽기도를 할 수 있도록 방화동에서 내발산동까지 차량운행도 해 주셨다. 평범한 아줌마에 불과했던 사람을 말씀으로 양육시켜 주셨고 당당한 삶을 살 수 있도록 도전의식을 심어주셨다.

부족한 한 가지, 돈

그동안 교회식구들과 함께 큰 문제든 자잘한 문제든 중보기도하며 해결하는 법을 배웠다. 그럴 때마다 하나님은 늘 기대한 것보다 더 만족스럽게 모든 문제를 해결해주셨다.

그런데 딱 한 가지, 우리 가정에 좀체 해결되지 않는 문제가 있었다. 경제적인 어려움이었다. 빚이 자꾸 늘다보니 남편과 자주 다투었다. 누구한테 말하기도 창피하고 내가 살림을 잘못 한 것 같아 자책도 많았다.

하지만 시간이 흐를수록 해결은커녕 점점 빚이 늘어났다.

"하나님 저도 물질 좀 넉넉히 주세요. 왜 안 주시는 겁니까?"

어떻게 기도해야 할지 몰라 겨우 그렇게만 기도하고 있었다. 그런데 어느 날 설교 말씀이 귀에 꽂혔다.

"입을 크게 열고 부르짖으면 하나님이 응답하신다."

"주신다고 약속하셨는데 왜 구하지 않느냐?"

그 말씀에 정신이 번쩍 들었다. 그리고 구체적으로 빚을 갚아달라고 기도하기 시작했다.

어느 날, 남편이 사고를 당하여 일을 못하게 되었다. 어이가 없었다. 경제적인 어려움을 해결해달라고 기도했더니 물질을 주시는 게 아니라, 오히려 일을 못하게 하신 게 아닌가. 속이 무척 상했다. 그때 하나님의 음성이 느껴졌다.

"사랑하는 딸아, 힘드니? 모든 걸 나에게 맡기라니까……."

늘 주님께 맡긴다고 해놓고 주님과 상관없이 해결하려고 애쓰고 있는 내 모습이 떠올라 부끄러웠다. 그래서 이번에도 하나님께 다 내어맡기기로 결심하였다. 그렇게 결심하니 신기한 일이 일어났다.

남편의 사고가 산재처리가 되면서 요양비가 나왔다. 그것만으로 충분히 감사하였다. 그런데 끝이 아니었다. 이번에는 갑자기 산소호흡기를 대어야할 정도로 남편의 숨이 가빠왔다. 이대목동병원 응급실로 실려가

초음파와 CT 촬영을 했다. 폐혈전증인데 여섯 달 동안 치료를 해야 한다고 하였다. 그 말을 듣는 순간 버틸 힘이 사라졌다.

"하나님, 이번에는 왜죠? 저더러 어쩌라구요? 이제 모르겠습니다. 알아서 하십시오."

울면서 교회에 왔다. 사모님이 위로해주며 산재처리가 될지 모르니 알아보라고 하였다. 그리고 교회 식구들이 함께 기도하고 있으니 염려 말라고 하였다.

다음날 의사를 만났다.

"깁스를 해서 합병증이 온 겁니다. 소견서를 써 드릴게요."

그리고 이번에도 산재처리가 되었다.

남편은 결혼하고 나서 교회에 나오기 시작했다. 산재사고로 병원에 실려 오기 전까지 신앙에 열정도 없었고 별다른 변화도 없었다. 그런데 이 일로 교회식구들이 자신을 위해 뜨겁게 기도해주고 응답을 받게 되자 변하기 시작했다. 가족들에게 잘하려고 애쓰고 기도도 더 많이 하고 성도들을 열심히 섬기려 하였다.

얼마 뒤 남편은 퇴원하였다. 그러자 내 안에서 다시 돈 걱정이 올라오기 시작했다. 하지만 예전과 달라진 것이 있었다. 걱정이 밀려올 때마다 순간순간 말씀을 떠올렸다.

"너희 속에 착한 일을 시작하신 이가 그리스도 예수의 날까지 이루실 줄을

우리가 확신하노라."(빌립보서 1:6)

주님이 모든 것을 해결하고 이루어주실 게 분명했다. 과연 어떤 방법으로 행하실지 기대하며, 걱정을 소망으로 바꾸게 되었다.

세겹줄 기도회, 집이 팔리다

어느 날 목사님이 '주님이 원하시는 바로 그 교회, 영혼 구원하여 제자 삼는 교회'라고 적힌 현수막을 예배당에 걸었다. 그리고 가정교회를 시작한다고 선포하였다.

남편과 내가 목자와 목녀로 세워진 지 얼마 안 되어 세겹줄 특별 새벽기도회가 열렸다. 기도를 하다 보니, 내발산동 집을 팔아야겠다는 생각이 자꾸 들었다. 특별 새벽기도회를 마친 4월 어느 날, 내가 원하는 가격에 집이 매매가 되었다. 하나님은 내 성격에 맞게 언제나 정확하게 응답해 주셨다.

기도의 응답을 받으니 그 다음 기도제목이 떠올랐다. 집을 판 돈으로도 다 해결하지 못한 빚이 있었는데, 그 문제를 놓고 목장식구들과 함께 기도를 하였다. 그리고 남아 있던 빚도 모두 갚았다. 하나님께서는 99퍼센트의 응답이 아닌 완벽한 100퍼센트의 응답을 주셨다.

이 일을 계기로 남편이 더 많이 변하게 되었다. 평소 초원모임에서 감사 고백을 하지 않던 남편이 감사 고백을 하기 시작했다. 예전에 볼 수 없던 모습으로 조금씩 변해갔다.

지금 남편은 주님 안에서 참 기쁨과 행복을 찾으며 묵묵히 목자 사역을 감당하고 있다.

사랑하기로 거듭난 사람

남편과 내가 목자 목녀가 된 지, 8년째이다. 그동안 네 번의 분가를 했다. 그리고 20명 남짓 전도했고 열 명 남짓 세례를 받았다.

그 세월을 돌아보니, 사연도 많았고 우여곡절도 많았다. 그리고 한 가지 분명한 사실도 있다. 사역하는 시간이 늘어갈수록 하나님을 더 의지하는 법을 배워나간 것이다. 내 능력의 끝에서 하나님은 능력을 행하시고 내 건강의 끝에서 하나님은 건강을 주셨다. 자신을 사랑하거나 자기만 생각하는 그 습관이 끝나면 비로소 하나님께서 나를 사용하고 일하셨다. 그렇게 변화되어야 어떤 문제가 생겨도 걱정할 것이 없고 주님이 원하시는 대로 최선을 다할 수 있는 것이다.

"나는 선한 싸움을 싸우고 나의 달려갈 길을 마치고 믿음을 지켰으니 이제 후로는 나를 위하여 의의 면류관이 예비되었으므로." (디모데후서 4:7-8)

사도바울의 고백처럼 나도 주님 오시는 그 날까지 이 사명을 충성스럽게 감당하기를 소망한다.

미국 휴스턴서울교회의 곽인순 목자님이 제자삼는교회에 와서 특강을 해준 적이 있다.

"영혼을 섬길 때는 나에게 맡겨준 영혼이라 여기고 끝까지 그 사람을 귀히 여겨야 한다. 잘 될 때나 안 될 때나 기다림 속에서 인내하라. 1년 이상 밥을 같이 먹고 3년까지 기도로 섬겨주고 5년까지 어떤 상황에서도 평안함으로 대해야 한다. 우리 모두는 사랑을 받기 위해 태어난 것이 아니라 사랑하기로 거듭난 사람이다."

그 말을 들을 때 그 동안 목녀 사역을 하면서 힘들었던 모든 것들이 한순간에 치유되었다. 나만 어렵게 사역하는 것이 아니고 지구촌 곳곳에서 하나님의 나라를 위해 충성하는 일꾼들이 많다는 것을 깨달았다. 큰 위로를 받았다.

하나님께서 맡겨주신 귀한 사명에 오늘도 감사한다. 나에게 맡기신 영혼들을 잘 섬기고 돌보아 주어 그들도 주님의 제자가 될 수 있도록 잘 인도할 것이다. 죽기까지 목녀로서 이 일을 충성스럽게 감당하련다.

한 사람의
인생을 바꾼
따뜻한
밥 한끼

주님을 만나기 전, 연약하기만 했던 두 여인은
주님 안에서
꿈을 찾았습니다. 자존감을 찾았습니다.
그리고 존귀한 모습으로 당차게 일어섰습니다.
하나님의 자녀는
얼마든지 변화될 수 있고, 새로워질 수 있습니다.
필요한 곳, 필요한 때에
능력을 부어주시는
주님이 계시기 때문입니다.

하나님 안에서 찾은 자존감

부엌데기에서 모범 교사가 되기까지

위로받기보다 위로하라

부엌데기에서 모범 고사가 되기까지

선명한 두 줄

결혼한 뒤, 가장 많이 들은 말이 있다.

"좋은 소식 없어?"

남편은 외아들이고 장손이다. 시부모님도 은근히 아이를 기다리셨다. 그런데 야속하게도 내 몸은 임신과 거리가 멀었다.

고3 때부터 생리가 불규칙하고 몸이 안 좋았다. 스물한 살 되던 해, 병원에 갔더니 다낭성난소증후군이라고 했다. 난소의 모습을 처음 보았는데, 충격적이었다. 병원에서 예시 사진으로 보여주는 것보다 내 난소가 훨씬 더 심각했다.

결혼을 하니, 불임에 대한 불안이 자꾸 커졌다. 다낭성난소증후군이라도 사람에 따라서는 자연임신이 가능하다. 다만 자연임신을 하더라도 유산율이 높다. 그런데 나는 상태가 워낙 안 좋아 희망을 가지기 어려웠다.

두 달 전이었다. 몸이 계속 불어나기에 다이어트를 해야겠다고 결심했다. 첫 달에는 가볍게 시작했고 다음 달에는 모진 마음을 먹었다. 운동량을 많이 늘리고 식사량도 더 줄여나갔다. 그런데 몸이 조금 이상했다. 가슴 통증이 느껴졌다. 생리 전 증상일 것이라 생각했다.

'아, 역시 다이어트를 하니까 생리가 돌아오는구나. 살을 더 열심히 빼야겠네.'

그리고 더 독하게 운동을 했다. 그런데 생리 증상이 한 달이 넘도록 지속되었다. 아무래도 조금 이상했다. 혹시나 하는 마음으로 임신 테스트기를 구입했다.

금요일 새벽기도를 가기 전에 테스트를 해보았다. 내 눈을 의심했다. 결과가 달랐다.

"내가 잘못 보았나?"

다시 살펴보았다. 그런데 아무리 보고 또 보아도 선명하게 두 줄이 표시되어 있었다. 임신이었다.

"와아, 이런 일이······."

어안이 벙벙했다. 자연 임신이 안 되는 몸인데 어떻게 두 줄 표시가 나왔는지……. 심장이 미친 듯이 쿵쾅거리기 시작했다. 남편도 눈으로 확인했지만 믿기지 않는다고 말했다.

기적의 주인공

"잘못 보신 거 아니에요? 희미하게 한 줄 아니었나요?"

의사 선생님의 대답에 하마터면 큰소리로 웃을 뻔 했다.

"그동안 내다버린 테스트기가 몇 개인데요. 제가 희미한 줄과 선명한 줄을 구분 못하겠습니까?"

"일단 확인 해보죠. 초음파 검사 해 볼게요."

그리고 의사 선생님의 입에서 나온 말.

"축하드려요. 임신 맞네요. 정상 임신이에요. 5주입니다."

자꾸 웃음이 나왔다. 진짜 좋았다. 너무 좋았다.

"나에게도 이런 꿈같은 일이 생기다니……."

하나님은 남편과 나를 사랑하시는 게 틀림없다. 그것도 아주 많이……. 그 전날 있었던 일을 떠올려보니 그 사실이 더 확실했다.

친구들과 모임이 있었다. 나와 똑같은 증상을 가진 친구가 있었다. 그 친구는 결혼한 지 5년이 되어도 자연임신이 되지 않아서 몇 달 전 배란유도제를 세 번이나 맞아가며 임신을 시도했다. 그런데 실패하여 인공수정을 생각하고 있었다.

그 이야기를 들으며, 친구가 겪고 있는 일이 곧 나의 현실이 될 것이라는 생각이 들었다. 동병상련을 느꼈다. 그런데 하나님이 하루 아침에 친구와 나의 길을 다르게 만들어 주셨다. 친구와 나에게 차이점이 있다면 주님이 삶에 개입하고 계시느냐 아니냐 그 한 가지 차이이다.

"영접하는 자 곧 그 이름을 믿는 자들에게는 하나님의 자녀가 되는 권세를 주셨으니" (요 1:12)

내가 하나님을 위해 무엇을 해드렸다고 이런 복을 주시는지 감격스러웠다. 나를 부르신 분도 하나님이고, 나의 우울함을 해결해 주신 분도 하나님이고, 나를 행복하게 만드신 분도 하나님이다. 아무런 자격이 없는 내가 하나님의 자녀라는 그 한 가지 이유 때문에, 하나님이 베풀어주신 기적의 주인공으로 살게 된 것이다.

수영을 시작하다

나는 무남독녀이다. 엄마는 내가 돌쟁이였을 때 아버지 회사 앞에 나를 놓아둔 채 어디론가 사라졌다고 한다. 아버지는 서울에서 새엄마를 만나 따로 살았다. 나는 한동안 고모댁에서 지내다가 다섯 살 무렵 할머니가 계신 전남 화순으로 보내졌다. 아빠는 돈을 모아서 큰 전셋집이라도 마련하면 나를 데려가겠다고 하였다.

예닐곱 살 때부터 할머니를 도왔다. 텔레비전에서 애국가가 방영되는 이른 아침에 밥상 차리는 것을 도와드리고 청소를 했다. 빨래도 해야 했다. 초등학교에 들어가고 나서는 할아버지를 따라 밭에 다니며 농사일을 거들었다.

"할머니, 학교 준비물 사가야 해요."

"네가 그런 게 왜 필요해? 계집애가 공부해서 뭐하려고?"

그런 까닭으로 초등학교 시절, 학교생활 통지표의 준비물란에는 항상 '노력 바람'이 체크되어 있었다. 사는 것이 답답했다. 숨 쉬는 것도 편하지 않았다.

2학년 때였다. 담임 선생님이 나를 예쁘게 보셨다. 어느 날 나를 불렀다.

"정희야. 네가 살 길은 운동밖에 없다."

그렇게 말씀하더니 나를 수영부 선생님에게 데리고 갔다. 참 행복했다. 나에게도 인정받을 수 있는 기회가 생겼고 희망이 생겼기 때문이다. 그동안 오로지 학교와 집만 오가며 할머니 일을 거들었는데, 자유롭게 숨을 쉴 수 있는 시간이 내게도 주어진 것이다.

3학년 성탄절 무렵이었다. 수영부 친구가 교회에 가자고 하여 따라갔다. 마음이 그렇게 기쁠 수가 없었다. 돌아올 때 크레파스를 선물로 받았다. 신나게 집으로 돌아왔다.

"뭣이여, 그게? 어디서 난 거여?"

할머니에게 교회에 다녀왔다고 말했다. 그 말 한마디에 서럽도록 맞았다. 그 뒤로 교회에 다시 나갈 엄두가 안 났다. 그 대신 할머니가 다니던 절에 따라다녀야 했다. 절에 갈 때마다 가슴이 답답했다. 세상에서 제일 무료한 곳이라는 생각이 들었다. 할머니가 먹으라고 주는 절편은 무슨 맛인지 모르겠고 절에서 주는 음식을 내가 왜 먹고 있어야 하는지 이해가 가지 않았다. 향 냄새 때문에 머리가 아팠다.

악바리처럼 수영에 매달렸다. 기초 체력 단련을 위해 광주체육관 여덟 바퀴를 달리곤 했는데, 나는 늘 1등으로 달렸다. 열심히 노력한 만큼 결과도 좋았다. 전라남도 대표선수로 활약했고 학교에서는 기대주로 인정을 받았다.

죽으면 지옥 가는 거 아냐?

6학년 때, 서울로 올라왔다. 나는 여전히 부엌데기였고 청소부였다. 아버지는 나에게 따뜻하게 대해주지 않았다.

"수영을 할 수 있나 알아봤는데, 돈이 너무 많이 들더라. 도저히 해줄 수가 없구나."

새엄마의 한마디 말에 희망이 저만치 날아가 버리는 것 같았다. 어찌나 슬프던지, 어찌나 실망스럽던지…….

중2 때는 항상 죽을 생각만 하면서 지냈다. 친구와 약국에도 가보았다. 교복을 입은 채 수면제를 사겠다고 하니 약국에서는 웃으며 집으로 돌아가라는 말만 했다. 지금 생각해보면 하나님이 그 시절 죽을 용기를 주시지 않은 것이 감사하다.

'죽으면 지옥 가는 거 아냐? 지금까지 이렇게 힘들게 살았는데 죽어서도 지옥 불구덩이에 있어야 하는 거 아냐?'

결국, 죽을 용기가 없어서 하루하루 살았다. 초등학교 때 공부를 안했으니 중학교 수업을 따라가기가 어려웠다. 학원이나 공부방에라도 다니고 싶었지만 부모님께 그런 말을 차마 꺼낼 수 없었다. 그런데 참 이상했다. 내 자리 앞뒤나 좌우에 어찌 된 일인지 반에서 공부 잘하는 아이들이 앉았다. 나는 미안함을 무릅쓰고 그 친구들을 붙잡고 늘어졌다. 성적이 점점 오르기 시작했다. 눈에 띄게 반 등수가 올랐다.

인문계 고등학교를 가고 싶었지만 집안 형편으로 보아 그럴 수 없었다. 장학금을 받으며 공부할 수 있는 실업계 고등학교를 선택했다. 미션스쿨이었다. 초등학교 때 딱 한번 가보았던 교회가 내 마음속에 아름다운 그림으로 새겨져 있었기에 그렇게 선택한 것이다.

그런데 부모님이 극구 반대하였다. 부모님은 불교 신자였고 이모는 무속신앙인이었다. 해마다 나를 데려가 살풀이를 해주었고 집안의 크고 작은 일이 있을 때마다 이모가 굿을 했다.

그런데 나한테서 알 수 없는 용기가 솟아올랐다. 몽둥이로 두드려 맞더라도 입학하겠다고 버티었다.

"그래, 네가 그렇게 가고 싶으면 그 학교 가거라. 그 대신 학교에서 예배를 드리지 않는다는 약속을 해야 해."

부모님의 말에 아무런 대꾸도 하지 않았다. 그리고 속으로 다짐했다.

'그래도 나는 예배드릴 겁니다.'

유치부 교사가 되다

고등학교에 입학한 뒤, 나는 조금씩 변했다. 아니 내 삶이 조금씩 달라졌다. 활기찬 친구들을 만나고 있었고 내 표정도 친구들처럼 밝은 표정으로 바뀌어갔다. 매주 예배시간에 참석해 찬양도 배웠다. 예배가 끝나도 내 입술엔 그날 배운 찬양이 멈출 줄 몰랐다.

고2 때 아빠와 새엄마는 이혼을 하였다. 두 분을 생각하면 마음이 아팠지만, 어른들 눈치보지 않고 자유롭게 예배드릴 수 있게 된 것이 좋았다.

고3이 되었다. 친구 한 명이 나를 교회로 안내했다. 친구가 데리고 간 교회의 간판을 읽어보았다. 제자삼는교회였다. 청년부 언니 오빠들이 환하게 웃으며 환영해주었다. 친구와 나란히 앉아 예배를 드렸다. 참 따뜻한 분위기였다. 교인 수는 많지 않았지만 가족처럼 서로 가깝게 지내는 것 같았다.

내 친구를 전도한 성민 오빠는 나에게도 친절하게 대해 주었다. 주일

날 내가 아침밥을 못 먹고 오는 것을 알고 주머니에서 초코파이를 몰래 꺼내주곤 했다. 몸이 안 좋아 교회를 못나가는 날에는 꼭 전화를 걸어 안부를 물었다. 신앙에 대해서 아무 것도 몰랐지만 교회 생활이 재미있고 좋았다.

목사님의 열정이 참 대단해 보였다. 크고 작은 일에 대충대충 넘어가는 게 없었다. 어떤 땐 불호령이 떨어지기도 했다. 사랑의 매도 아끼지 않으셨다.

"항상 기뻐하라. 쉬지 말고 기도하라 범사에 감사하라. 이것이 그리스도 예수 안에서 너희를 향하신 하나님의 뜻이니라." (데살로니가전서 5:16~18)

그 말씀이 가슴에 와 닿았다. 참 행복했다. 웃음도 많아졌다. 새로운 삶이 펼쳐지는 듯했다. 어두운 터널을 완전히 빠져나온 기분이었다.

얼마 안가 유치부 보조교사를 맡았다.

'내가 과연 사역을 감당할 수 있을까?'

막막하였다. 두려운 마음으로 유치부 예배에 참석했다. 그런데 하나님이 왜 나에게 유치부 사역을 맡기셨는지 시간이 흐르면서 깨달았다. 유치부 아이들을 대상으로 한 공과공부가 사실은 내 눈높이에 딱 맞는 내용이었다. 아브라함 이야기, 이삭 이야기, 야곱 이야기, 다윗 이야기, 아기 예수님 이야기, 예수님의 사역 이야기, 예수님의 제자들 이야기……. 배우는 아이들보다 가르치는 내가 더 재미있고 신이 났다. 아주 쉽게 성경을 배워가기 시작한 것이다.

사역을 하면서 아이들을 사랑하는 마음도 생겨났다. 나는 예쁘게 생긴 아이들이 좋았다. 그런데 정말 그런 아이들만 만나게 되었다. 텔레비전에 나와도 전혀 부족하지 않을 정도로 예쁜 혜빈이와 수빈이, 하얀 얼굴로 엉금엉금 기어 다니기 좋아하는 남균이, 별처럼 반짝이는 눈을 가진 주환이, 인형같이 예쁜 은지와 귀염둥이 하연이까지……. 내가 다가가려 노력하지 않아도 아이들은 이미 충분히 예쁘고 사랑스러웠다. 그러니 어찌 사랑하지 않을 수 있으랴. 유치부 사역에 푹 빠져 있었다. 힘들지도 않았고 지치지도 않았다.

가지 마세요

유치부 사역에 이어 초등부 교사 사역을 맡았다. 특별한 은사가 없다고 생각했는데 덜컥 찬양 인도와 율동을 맡았다. 성경 지식이 여전히 부족하건만, 1학년 담임도 맡았다. 아이들이 나를 얼마나 잘 따라주던지……. 애교부리며 안겨오던 천진난만한 모습을 지금도 잊을 수가 없다.

초등부 사역 2년째, 여전히 아이들은 사랑스러웠고 사역은 재미있었다. 그렇게 아이들과 행복하게 지낼 수 있을 것이라 생각했다. 그런데 불미스러운 사건이 터졌다. 청년부의 모든 청년들이 교회를 나가게 된 것이다.

제자삼는교회에서 마지막으로 예배를 드리던 날, 나는 초등부 부장 선생님에게 사정을 이야기하며 이별 인사를 드렸다. 그동안 사역하며 받았던 사랑을 곱씹으니 눈물이 펑펑 났다. 멈출 수가 없었다. 부장 선생님도 함께 울었다.

"정희 선생님. 가지 마세요."

진짜 가기 싫었다. 하지만 의리가 그 어떤 것보다 중요하다고 생각했다. 교회 청년들을 따라 교회를 나왔다. 다시 뭉칠 것 같았던 청년들은 뿔뿔이 흩어졌다. 방황의 시작이었다. 예배를 빠지지 말아야겠다고 생각했기에 대형 교회에서 주일예배를 드렸다. 그런데 몸은 다른 교회에 있는데 마음은 제자삼는교회에 가 있었다. 시간이 흐르면 제자삼는교회가 잊힐 것이라 생각했지만 더 생각나고 더 그리웠다. 초등부 아이들이 제일 많이 그리웠다. 하나님이 내게 맡겨주신 아이들인데 끝까지 책임지지 못하고 중간에 떠나온 것이 많이 후회되었다. 아이들의 웃는 얼굴이 자주 눈에 밟혔다. 너무 미안했고 마음이 아팠다.

4년이 흘렀다. 제자삼는교회의 한 목녀님이 하늘나라로 가셨다는 전갈을 받았다. 슬픈 마음을 가눌 길이 없었다. 장례식장을 찾았다. 오랜만에 제자삼는교회 성도님들을 뵈었다. 불편하지 않았다. 아무도 이상한 눈으로 쳐다보지 않았고 마치 계속 만나고 있던 사람처럼 편하게 대해주었다.

얼마 뒤, 혁진 목자님의 권유로 목장모임에 나가기 시작했다. 그리고 다시 제자삼는교회에서 예배를 드리게 되었다. 예전에 유치부에서 가르치던 아이들은 초등학생이 되었고 초등부 1학년이었던 아이들은 키가 훌쩍 자라나 있었다. 그동안 아이들을 얼마나 그리워했던가. 너무나 반가웠고 말할 수 없이 사랑스러웠다.

그 해 11월 성민 오빠와 나는 결혼했다. 9년 가까이 교제를 끝내고 부부로 살게 된 것이다. 지금 생각해보면, 하나님이 나를 제자삼는교회로 오게 하셨을 때, 이미 성민 오빠와 나를 부부로 묶어주실 계획을 하셨던 것 같다. 성민 오빠의 아버지도 나를 딸처럼 대해주셨고 많이 예뻐하셨다. 성민 오빠가 군대에 가 있는 동안, 적어도 보름에 한번은 나를 불러서 저녁식사를 대접해 주시곤 했다.

다시 사역을 주신 하나님

새해가 되자마자 열일 제쳐놓고 초등부 사역부터 헌신하였다. 과감히 헌신하는 것을 보고 교회 식구 몇 명이 놀라는 것 같았다. 나는 속으로 대답했다.

'그럴 수밖에 없어요. 무책임하게 사역을 내려놓고 아이들을 떠난 것 때문에 얼마나 괴로웠는지 하나님은 아실 거예요. 딱 일 년만 헌신할 거예요.'

서너 주 지났을 때였다. 전도사님이 조용히 나를 불렀다.

"교회에 이런 것이 보관되어 있었어. 이제야 주인을 찾아가네."

경기노회 주일학교연합회에서 주는 모범 교사패였다. 날짜를 보니 4년 전의 것이었다. 매년 모범 교사상을 주는데, 교회를 떠나던 그해의 모범 교사가 나였던 것이다. 참 많은 생각이 스쳐 지나갔다. 흐르는 시간 속에서 하나님도, 제자삼는교회도 나를 포기하지 않고 기다려준 것이다.

상을 받고 나니, 내 마음은 온통 초등부에 쏠렸다. 열정을 쏟으며 사역했다. 하나님도 나에게 더 많은 지혜와 능력을 부어주셨다.

1년이 흘렀다. 내가 율동을 지도한 아이들이 주일학교연합회 교육대회에 나갔다. 그리고 경기노회 대회에서 최우수상을, 전국 대회에서 당당히 우수상을 받았다. 은혜였다. 하나님이 제자삼는교회에 주신 큰 선물이었다.

올해 초, 나는 한 번 더 모범 교사상을 받았다. 5년 만에 다시 받게 된 모범교사상. 이번에는 많은 지체들 앞에서 박수를 받으며 당당하게 상을 받았다.

나는 행복하다

임신으로 많은 사람들에게 축하를 받았다. 정말 감사했다. 내 인생에 이토록 많은 축하를 받아본 것도 처음이었다.

"내 기도제목이었는데 하나님이 응답해주셨어".

결혼식에서 가족이 되어 사진을 찍어주시더니, 이번에도 우리 가정을 위해 교회의 많은 지체들이 기도해주셨다고 했다. 너무 감사했다. 시부모님이나 시할머님이 우리를 위해 기도해주시는 것은 당연하다고 생각했다. 가족이니까……. 그런데 목사님과 사모님을 비롯해 목자님들 목녀님들, 그리고 교회의 많은 지체들이 나와 우리 가정을 위해 기도하였다는 사실이 너무 놀라웠다. 특히 사모님은 울먹울먹하며 말씀을 이어가지 못하였다.

"정희야, 눈물 난다. 하나님은 정말 좋은 분이시다, 그지?"

'이래서 영적인 가족이라 하는구나.'

영적인 가족은 기도와 사랑으로 혈육보다 더 끈끈하게 연결되어 있다는 것을 실감하였다. 하나님은 나를 아주 많이 사랑하시는 것이 틀림없다. 이제 어느 누구를 만나도 나는 자신 있게 말한다.

"나는 행복한 사람입니다. 요즘 너무 행복해요."

맞다. 너무 행복해서 자꾸 웃음이 난다.

위로받기보다 위로하라

약하고 힘들었던 지난날

스무 살까지만 살다가 죽고 싶었다. 우울했다. 꿈도 없었다. 아버지는 화를 잘 내었다. 툭하면 밥을 먹다 말고 밥상을 날리기 일쑤였다. 언제 밥상이 날아갈지 몰라 밥을 빨리 먹었다. 그래서 마흔 살이 넘은 지금도 밥을 빨리 먹는다.

언니 오빠와 나이차도 많았다. 큰오빠는 나와 띠동갑이다. 이야기할 상대가 없었고 누군가와 교감하며 지내는 것이 어려웠다. 학교를 졸업하면 더 이상 할 일이 없을 것 같아, 죽을 생각만 했다. 그런 식으로, 세상을 온통 회색으로만 보았던 사람, 오직 내 아픔만 들여다보며 괴로워하던 사람, 그게 나였다.

그런데 지금은 남의 이야기를 들어주고 같이 아파해주는 사람이 되었다. 함께 기뻐해주고 간절히 기도해주는 사람이 되었다. 연약하고 소심했던 나를 변화시킨 곳은 목장이다. 흠 많고 모난 사람이 이만큼 변한 것은 하나님의 은혜이다.

서른세 살에 목녀가 되었다. 우리 목장은 처음에 우리 가족과 두 명의 목장식구로 출발했다. 그런데 남편은 나보다 말수가 더 적다. 사람 사귀는 일, 다시 말해 관계 맺기만큼 내게 어려운 일이 없는데, 나서서 입을 열고 말을 해야 하는 사람이 바로 나였다. 하나님이 관계 맺기 훈련을 시키시려고 나를 목녀로 세워주셨다고 생각했다.

그런데 얼마나 정확한 하나님이신지……. 8년째 목녀 사역을 하고 보니, 목녀 사역은 관계 맺기 훈련 그 이상의 것이었다. 하나님은 이 땅에서 내가 할 일이 무엇인지를 가르쳐주셨고 살아갈 이유를 찾아 주셨다. 내가 몰랐던 내 안의 나를 아시니, 가장 잘 맞는 일을 찾아주신 것이다.

어찌 보면 참 아이러니했다. 목장식구들은 형편이 넉넉해 모두 넓은 집을 갖고 있었다. 우리 가정만 월셋집인데다 형편도 어려웠다. 현금을 내고 시장을 볼 수가 없어서 신용카드만 사용했다. 도시가스와 전기 공급 중단을 알리는 스티커가 집에 나붙기도 했다. 행여 목장식구들이 보면 부담스러워 할까봐 철수세미로 깨끗하게 스티커 자국을 긁어내었다. 그 스티커가 얼마나 서러운지 떼어내며 울먹이기도 했다.

처음에는 무엇을 어떻게 해야 할지 몰라서 목장식구들을 무조건 섬겼다. 음식을 넉넉히 만들어 목장모임이 끝나면 죄다 나눠주었다. 그냥 가져가라고 하면 부담스러워 하니 이유를 대었다.

"집사님은 남편이 믿지 않는 사람이라 목장모임에 못 나오니 이거 갖고 가서 반찬이라도 잘 차려주어야 해요."

"새댁은 요리하는 게 익숙하지 않으니 가져가야 해."

"노총각은 반찬 없으니 가져가야지……."

그렇게 집에 있는 것은 다 퍼주었다. 그리고 목장식구가 부르면 아무리 하찮은 일이라도 장소와 시간을 따지지 않고 달려갔다. 지금 생각하면 시행착오였지만 열심만은 대단했다.

하나님을 경험하며

지금도 목사님의 카리스마는 대단하지만, 가정교회로 전환한 즈음 목사님의 목회 방식은 그야말로 스파르타식이었다. 꼬박꼬박 새벽기도 출석 체크를 하였다. 그리고 교회 홈페이지에 출석 명단까지 올려놓았다. 내가 결석한 것을 목장식구들이 알면 쩨나 싶어서 죽을 각오로 새벽기도에 나갔다.

나는 겉보기에 강단 있어 보이고 튼튼해 보이지만 1년 열두 달 가운데 컨디션 좋은 날이 채 한 달도 안 된다. 새벽기도 나가는 것은 목숨과 바꿔야 가능한 일이다.

그런데, 목사님의 강압이 아니더라도 새벽에 기도하지 않을 수 없었다. 내가 기도해 주지 않으면 영적 배경이 없는 목장식구들이나 VIP들은 그 누구의 기도도 받지 못한 채 하루하루 살 것이 아닌가. 시간이 흐르니 목장식구들의 고백이 조금씩 달라졌다.

"목녀님이 예수님을 알게 해 주지 않았다면 이런 상황에서 내가 얼마나 망가졌을지 상상만 해도 끔찍해요. 맨날 싸우고 술 마시고 좌절하고……. 이혼을 했거나 아마 살 수 없었을 거예요. 그래서 너무 감사해요."

목장식구들의 환경은 달라진 것이 별로 없었다. 그런데 행복하다고 고백하였다. 사역하는 보람이 있었다.

나를 가장 많이 변하게 한 것은 삶공부였다. 삶공부를 하면서 영혼에 대해 관심을 갖게 되었다. 그리고 한 영혼이 돌아올 때 하나님 아버지의 마음이 어떤지 느끼게 되었다.

특히 '하나님을 경험하는 삶'을 공부하면서 그동안 갖고 있던 오해를 한꺼번에 풀었다. 목장사역을 하면서, 하나부터 열까지 내가 하려 했고 내가 책임지려 했다는 것을 알았다. 목장식구를 목장모임에 나오게 하는 것, 교회에 나오게 하는 것, 영적으로 자라게 하는 것, 목장식구로 하여금 열심을 내게 하는 것까지 내가 해야 하는 일인 줄 알았다. 하나님이 일할 틈을 전혀 내어드리지 않은 것이다.

"수고하고 무거운 짐 진 자들아 다 내게로 오라 내가 너희를 쉬게 하리라."
(마 11:28)

예수님은 짐을 내려놓고 쉬기를 바라셨는데, 어리석게도 모든 짐을 내가 짊어지고 그것이 잘하는 것인 양 낑낑대며 가고 있었던 것이다.

"사역은 짐이 아니라 축복이다."

목사님이 항상 강조했던 이 말의 뜻이 무엇인지 마침내 알게 되었다. 그것을 깨닫자 사역하는 데 힘이 났고 기쁨이 넘쳤고 감사가 가득 했다.

이제는 섬겨야 할 사람이 보이면 하나님께 기도로 먼저 나의 마음을 전한다. 그리고 한 사람에 대해 기도를 시작하면 마음속에 거의 그 사람을 품고 산다. 늘 생각하고 항상 기도한다. 멍하게 지내는 시간이 거의 없을 정도로 기도하는 시간이 많다. 하나님이 일하셔야 하니까 기도에 집중하는 것이다. 몸으로도 섬겨보고 물질로도 섬겨보았지만 매번 하나님이 일하시는 것이 더 좋은 결과를 가져왔다.

33년만의 기도 응답

목장모임에서는 작고 사소한 기도제목부터 제법 묵직한 기도의 제목들까지 다 응답을 받는다. 목장식구들도 응답받고, 목자 목녀도 응답 받는다.

내가 받은 기도 응답 가운데 가장 큰 것은 친정 부모님의 구원이다. 친정 아버지는 인천에서 살고 계셨기에 자주 뵐 수가 없었다. 좋은 전도자를 붙여 주셔서 구원해 달라고 늘 기도했다. 그런데 아버지가 돌아가시고 나서 어떤 집사님이 전화를 걸어왔다.

"실례를 무릅쓰고 전화 드렸어요. 문을 두드려도 어르신이 문을 안 열어주시는데 무슨 일이 있는가 해서요?"

"얼마 전에 아버지는 소천하셨어요."

"그러셨군요. 어르신은 저희들과 함께 4영리로 예수 영접을 하셨습니다."

하나님은 그렇게 내 기도에 정확히 응답해주셨다. 올해 일흔일곱 살의 친정엄마도 예수 영접하고 세례를 받았다. 그 과정을 돌아보면 하나님의 간섭하심이 너무나 오묘하다.

친정엄마는 불교신자였다. 사찰의 신도증을 자랑스럽게 가지고 다녔고 석가탄신일에는 반드시 점을 보고 연등을 달았다. 그런데 친정엄마가 심장판막증으로 응급실에 실려 가서 심장 수술을 하게 되었다. 수술 후 누군가 모셔야 했다.

"엄마, 우리가 얼마 전에 집도 마련했으니까 우리 집에서 편안하게 모실게요."

친정 엄마는 우리집에 계시는 동안 가정 예배드리는 것도 보고 목장모임 하는 것도 보았다. 당신의 딸과 사위가 당신과 가족을 위해 매일 기도하고 있다는 것도 그때 아셨다. 친정엄마와 함께 있게 되니 나도 많은 생각을 하게 되었다. 평소에는 VIP의 구원을 위해서 간절히 기도했지만 막상 친정엄마를 위해서는 그만큼의 간절함이 없었다. 그런데 이런 일로 우리 집에 계시니 복음 전하기가 얼마나 수월한지……. 기회만 생기면 복음을 전했다.

"엄마, 예수 믿으셔야 해요. 큰사위가 목사인데 장모가 절에 나가면 안 되는 거예요."

교회 성도들도 무시로 찾아와 기도해주었다. 얼마 안 있어 친정엄마는 정말로 확신 가운데 세례를 받았다. 몸이 아파 응급실에 갔을 뿐인데 그것이 계기가 되어 친정엄마는 영생을 얻게 된 것이다. 33년 동안 기도했는데 목장모임을 보고 나서 비로소 확신을 가진 것이다. 가정교회가 아니면 일어날 수 없는 기적이요, 가정교회를 하면서 누리는 복이 바로 이런 것이리라.

주의 말씀을 청년들의 마음에

6년 남짓 장년 목장을 섬기다가 지금 우리 가정은 청년 목장 두 개를 섬기고 있다. 남편과 내가 한 목장씩 섬긴다.

청년들은 장년과 많이 다르다. 청소년만 질풍노도의 세대가 아니라 요즘은 청년들도 질풍노도의 시기를 살고 있다. 기복이 심한 그들의 감정을 이해하거나 장년들과 전혀 다른 식성을 받아들이는 일이 처음에는 쉽지 않았다. 그들에게 이모뻘이 되는 내가 해 줄 수 있는 것도 많지 않았다. 반찬을 싸주거나 만나서 놀아주는 섬김은 그들에게는 그렇게 큰 감동을 주지 못했다.

그러던 어느 날, 한 말씀이 눈에 들어왔다.

"청년이 무엇으로 그의 행실을 깨끗하게 하리이까. 주의 말씀만 지킬 따름이니이다. 내가 주께 범죄하지 아니하려 하여 주의 말씀을 내 마음에 두었나이다." (시편 119:9-11)

그 순간 깨달았다.

"아! 이거구나. 말씀이다! 말씀으로 섬기자!"

그래서 목사님께 배운 일대일 제자 양육훈련을 시작하였다.

"불금에 목장모임에 나오는 거 어렵지? 왜 목장모임에 나와야 할까?"

"젊은 날에 하나님께 헌신해야 하는 이유가 뭘까?"

청년들이 궁금해 할 내용을 말씀으로 전하니, 나이 차이가 스무 살 가까이 나지만 교제가 가능했다.

시간이 흘렀다. 금요일마다 우리 집은 웃는 얼굴의 청년들로 북적이게 되었다. 목장목임이 있는 금요일은 우리 청년들에게는 '성령으로 불타는 불금'이 되었다.

두 개의 청년 목장은 분위기가 전혀 다르다. 한 목장은 장난스럽고 유쾌하다. 한 목장은 차분하고 이지적이다. 물론 한 집에서 목장모임을 하니, 애찬은 함께 나눈다. 두 목장의 청년들이 기쁜찬양단을 섬기고 있어서 애찬 시간은 유대감을 나누는 시간이기도 하다. 설거지가 끝나면 한 목장은 거실에서, 다른 한 목장은 아이들 공부방에서 삶을 나눈다.

청년들이 모두 모이면 스물한 명이다. 그들이 함께 먹을 애찬을 준비하는 일이 쉽지는 않다. 하지만 목장식구가 없어 밥을 적게 하는 것, 나에게는 그것이 더 괴로운 일이다. 수십 명을 위해 밥을 하는 것이 내겐 더 즐겁고 쉬운 일이다.

한 자매는 고등학교를 졸업하자마자 취직을 했다. 그 자매가 이런 고백을 하였다.

"전에는 정말 지옥 같은 삶을 살았어요. 목장모임에 오게 되면서 내 문제가 하나씩 해결 되었어요. 가끔 내 뜻대로 되지 않을 때는 하나님의 인도하심을 기대하는 법도 배우게 되었어요. 목장은 힐링하는 곳이에요."

그 자매는 세파에 시달리는 자신의 친구들에게 힐링하러 목장모임에 가자며 전도에 열심을 내고 있다.

넓은 집을 주신 하나님

내 것 아닌 것을 내 것처럼 쓰면서 살다 가는 것, 그게 인생이라면 우리 가족이야말로 그 복을 누구보다 제일 크게 받았다.

평수 넓은 아파트에서 사는 것도 그렇다. 우리 가족만 생각한다면 그리 넓은 집이 필요치 않다. 하지만 두 개의 목장을 섬기려면 그만한 공간이 필요하다. 그것을 미리 아신 하나님이 가장 적당한 집을 계약하게 하셨다.

처음 이 아파트로 이사 오려고 마음 먹었을 때 6층과 4층에 적당한 집이 있었다. 6층이 더 좋을 것이라 생각했는데 남편이 한사코 4층을 고집했다. 거실과 공부방이 확장되었다는 이유 때문이었다. 그런데 나중에 알고 보니 단순히 그것 때문에 하나님이 남편의 마음을 움직인 것이 아니었다. 우리는 집을 사고 파는 일에 어떤 절차가 있는지 전혀 모르는 채 약간의 계약금만 손에 쥐고 있었다. 중도금이라는 말도 처음 들었다.

"가진 돈은 이게 다에요. 하지만 꼭 집을 구해야 해요."

부동산 중개소 사장님의 얼굴이 난감하게 변했다. 그런데 이런 기적이 있을까? 4층의 그 집이 시쳇말로 깡통주택인 것을 알게 되었다. 집주인이 투자 목적으로 높은 가격에 샀다가 집값이 떨어지니 이자를 감당 못해서 어떻게든 빨리 팔려고 한 것이다.

"이런 경우 계약금을 많이 걸면 안 되죠. 그 돈이면 충분히 계약하실 수 있어요."

부동산 사장님이 귀띔을 해주었다. 그리고 덧붙였다.

"내가 오랜 세월 부동산 중개를 하고 있지만, 이런 일은 처음이에요. 처음부터 이 집은 당신들을 위한 집이었나 봐요."

하나님의 간섭하심은 거기서 끝나지 않았다. 이번에는 살던 사람들이 통사정을 하였다.

"한 달만 이사를 미뤄주실 수 있나요? 우리 형편이 바로 이사를 못하게 되었답니다."

이런 경우도 있나 싶어서 화가 났지만 사정이 딱한 것 같아 기다려주었다. 그런데 그 한 달 사이에 취등록세 인하조치가 내려졌다. 우리는 앉은 자리에서 수백만 원의 이득을 보았다. 영적인 복을 받고자 결단하였는데 결과적으로 삶의 복도 받게 하는 것, 그게 하나님의 방식이었다.

남편 목자 아내 목자

하나님은 나에게 배움의 기회도 주셨다. 청년 목장의 목자인데다 마침 중고등부 사역까지 맡게 되어 젊은 세대와 교감을 어찌해야 할지 몰라 길을 찾고 있었다. 내 마음을 아신 하나님이 사이버대학에서 심리학을 공부할 수 있게 해 주셨다. 새로운 것을 배우고 익히니 사고의 폭이 넓어지고 생활에 활기도 찾고 있다.

남편과 나는 둘 다 건강이 좋지 않다. 나는 목디스크와 허리디스크가 심하다. 남편은 잠잘 때 양압기라는 산소호흡기를 꽂고 잔다. 정상 체중인데도 몸무게 250킬로그램인 사람에게 나타나는 수면무호흡증을 앓고 있다. 이것 때문에 당뇨병과 고혈압을 함께 갖고 있다. 낮에 남편과 연락이 안 되면 혹시 쓰러지지 않았는지 걱정이 되곤 한다. 이런 상태에서 아직 멀쩡히 생활하고 있는 것은 하나님이 사역하라고 생명을 연장시켜 주시는 것이 분명하다.

요즘 우리 가정은 경제적으로 몹시 어렵다. 남편이 사업을 하다 보니 수입이 들쑥날쑥하다.

"한 가정에서 두 목장을 섬겼더니 두 배의 물질을 주셨더라."

드라마처럼 이렇게 자랑할 수 있으면 얼마나 좋을까? 그러나 현실은 그렇지 않다. 언젠가 새벽기도 마치고 이 문제로 가만히 생각해 본 적이 있다. 그 때 하나님이 이런 생각을 마음에 떠오르게 해 주셨다.

"넉넉히 있어서 섬기고, 쓰고 남는 걸로 섬기는 것이 진정한 섬김이라고 할 수 있니? 내가 아들이 많아서 그 가운데 아무 아들이나 뽑아서 십자가에서 희생시켰더냐? 그런 사랑을 베풀었더냐? 너를 위해 하나 밖에 없는 아들을 아낌없이 내어준 나의 사랑을 생각해 보아라."

그리고 말씀을 주셨다.

"그런즉 너희는 먼저 그의 나라와 그의 의를 구하라. 그리하면 이 모든 것을 너희에게 더하시리라. 그러므로 내일 일을 위하여 염려하지 말라 내일 일은 내일이 염려할 것이요 한 날의 괴로움은 그 날로 족하니라." (마태복음 6:33~34)

하나님의 마음을 알고 나자 하염없이 눈물이 흘렀다. 진정한 섬김은 예수 그리스도의 피 흘림의 사랑이라는 것을 나는 또 잊어버리고 있었던 것이다. 아무 것도 아닌 내가 그 피 흘림의 사역에 동참하게 된 것만으로도 얼마나 영광스러운가. 그런데 하나님의 나라와 의를 구하면 모든 것을 주리라는 약속까지 주셨으니 하나님께 그저 감사하고 감사할 따름이다.

언젠가 목장식구를 섬기며 불평을 늘어놓고 있는 내 모습을 깨닫게 되었다.

'왜 나는 형편이 좋은 사람들을 못 만나고 힘든 사람들만 섬기게 될까?'

그때 가슴에 와 닿은 말이 '교회는 병원이다' 라는 말이었다. 하나님은 나로 하여금 위로받는 사람이 되기보다 위로하는 사람이 되기를 원하시는 게 분명하다.

평신도 세미나에 갔을 때에도 그랬다. 편안한 잠자리와 천국 시민 대접을 받는다고 소문난 평신도 세미나여서 기대에 부풀었다. 그런데 함께 간 일행은 돌침대에서 자는 호사를 누렸지만 유독 나는 보일러도 들어오지 않는 추운 방에서 잤다. 그리고 천국 시민 대접은커녕, 배정된 그 가정을 위해 청소하고 아이들 씻기고 옷 입혀주면서 실컷 섬기다 돌아왔다.

목자컨퍼런스에 갔을 때도 마찬가지였다. 사역에 지칠 대로 지쳐 위로 받고 싶어서 갔더니 나보다 더한 어려움에 처한 목녀들만 만나게 되었다. 그들을 위로하느라 내 아픔은 아무것도 아닌 것이 되었다. 하나님은 내가 연약한 모습으로 되돌아가는 것을 원치 않으시는 게 분명하다. 날마다 더 강건해지고 더 성장하기를 원하시는 게 분명하다.

살아 있어 감사하다

제자삼는교회는 나에게 축복의 통로이다. 스무 살 이후에는 죽으리라 생각했을 정도로 꿈도 소망도 없이 살았던 나에게 꿈을 주었고, 삶의 의미가 무엇인지 가르쳐 준 곳이다.

제자삼는교회에서 인생의 참 행복을 알게 하고 누리게 하신 하나님을 찬양한다. 목장모임을 하면서 삶의 참 가치를 배운 것에 대해 감사드린다. 다 가져야 행복하고 완벽해야 행복한 것이 아니라, 주님 손에 내 삶을 맡기고 주님이 원하는 일을 할 때 온전하게 행복하다는 것을 알게 되었다.

'살고 싶은 마음이 있는 사람은 행복하다'는 말을 들은 적이 있다. 요즘 내가 그렇다. 살아있는 것이 더 없이 감사하고 행복하다.

한 사람의
인생을 바꾼
따뜻한
밥 한끼

교회 사역이 부담되어
핑계대고 미루었고
마지못해 순종한 두 여인이 있습니다.
하나님은 끝까지 기다려 주셨고
마침내 신실한 사역자로 세워주셨습니다.
시간이 흐르고 나자
그들은 비로소 깨달았습니다.
사역은 하나님 좋으라고 하는 일이 아니라
자신들이 축복받을 수 있는 은혜의 기회라는 사실을…….

헌신과 은혜

마지못해 한 순종도 어여삐 보신 하나님

핑계 대고 고집 부린 시간이 부끄럽습니다

마지못해 한 순종도 어여삐 보신 하나님

목장 모임 못가요

스물네 살에 결혼했다. 신혼여행을 다녀오니, 시어머니께서 말씀하셨다.

"목자님 전화번호와 집 주소란다. 목장모임에 꼭 가거라."

우리 의견은 물어보지도 않으시고 가야할 목장까지 이미 정해 놓으신 터였다. 목사님이 주례도 서주셨고 시어머니가 가보라고 하시니 순종할 수밖에 없었다.

결혼 전, 내가 큰 언니를 따라 가끔 교회에 나간 것처럼 남편도 어머니 성화에 못 이겨 어쩌다 예배를 드리고 있었다. 시어머니는 우리 부부가 결혼을 계기로 신앙생활을 제대로 하기를 간절히 바라고 계셨다.

'교회에 주일마다 나가는 것도 힘든데, 목장모임까지 가야 하나?'

마음이 편치 않았다. 나는 본디 낯을 많이 가리고 남들 앞에서 말도 제대로 못한다. 그런데 겨우 이름 석 자만 아는 분들의 집에 가라 하시니 마음 같아서는 피하고 싶었다. 엄청난 스트레스였다.

첫 모임은 불편함 그 자체였다. 두 번째 모임도 다르지 않았다. 금요일이 되면, 목장모임에 가지 않을 핑계를 찾기에 바빴다. 남편도 마찬가지였다.

남편과 나는 친구들과 어울려 여행하고 술 마시고 노는 것을 좋아했다. 남편은 한번 술을 마시면 끝을 보는 스타일이라 제일 늦게까지 술잔을 놓지 않았다. 담배도 많이 피우고 있었다. 남편 주변에는 항상 사람이 많았다. 남편이 넓은 인맥으로 사회생활을 잘 하는 것 같았기에 그 점에 대해서 나쁘게 생각하지 않았다.

그렇게 세상 재미에 빠져 있는 우리 두 사람이 낯설고 재미없는 목장모임에 가려니 여간 힘든 게 아니었다. 처음에 몇 번만 가는 척 하고 그 다음에는 기회 봐서 안 갈 마음을 먹었다.

"신랑이 약속이 있대요."

"회사에 일이 있어요."

"사정이 생겼어요."

핑계를 찾고 찾았다. 애써 핑계를 만들어 목장모임에 못 간다고 연락을 했건만, 끝내 남편과 나는 목장모임에 갈 수밖에 없었다. 목녀님의 간곡한 부탁 때문이었다.

"와서 밥만 먹고 가요."

그럴 때마다 거절할 수 없어서 목자님 집으로 갔다. 분명히 밥만 먹고 일어서야 하는데, 목장모임에 참석하면 눈치 빠른 목녀님이 분위기를 너무 잘 이끌어 나갔다. 어느새 밥을 먹으며 자연스럽게 삶을 나누고 있었다.

목녀님은 목장모임 때마다 반찬을 넉넉히 만들었다가 우리에게 싸주었다. 참 감사했다. 싸주는 음식마다 어찌나 맛있는지 반찬 받아오는 기쁨도 있었다. 그리고 그런 섬김을 받게 되자 우리의 마음문도 조금씩 열리게 되었다.

"목장에 나가거라."

"…… 네."

"교회에 가야지."

"…… 네."

솔직히 시어머니의 요구에 마지못해 순종했을 뿐인데 목장모임에 나가면서 우리의 마음이 조금씩 변하기 시작했다.

억지로 참석한 평신도 세미나

예전부터 교회는 가고 싶었지만 교회에 정착한다는 것이 쉽지 않았다. 특히 대형 교회는 성도들만의 보이지 않는 울타리가 있어서, 아는 사람 없이 처음 교회에 나가면 어색함과 불편함이 컸다. 그런데 제자삼는교회는 목장모임이 있어서 미리 얼굴을 익히니 그 점이 좋았다. 그리고 목자님과 목녀님이 교회에서도 불편하지 않도록 여러모로 챙겨주고 배려해 주었다. 친정이 경북 상주여서, 서울에 아는 친구도 없었고 만날 사람도 별로 없었는데 목녀님과 차츰 가까이 지내게 되니 편하고 좋았다.

목자님과 목녀님은 우리 부부가 목장모임에 잘 정착하도록 새벽마다 기도해 주었다. 그 기도가 고맙긴 했지만, 세상 모임을 생각하면 그 즐거움도 놓칠 수가 없었다. 주말마다 전국을 돌아다니며 놀아야 하는데 목장모임이 걸림돌이 되었다. 갈등이 컸다. 그런 우리를 만류하지 못하니 목녀님은 새벽마다 기도하였다.

"불필요한 인간관계를 모두 끊어 주세요."

"술 담배도 끊게 해 주세요."

그런데 그 기도의 위력이 엄청 났다. 주말이면 놀러가거나 친정에 가던 우리가 어느 순간 마음에 거룩한 부담이 생기기 시작했다. 어딘가에 여행을 가도, 친정을 가도 주일예배를 드리기 위해서 새벽시간에 올라

오게 되었다.

어느 날, 남편이 술 담배도 끊겠다고 선언했다. 속으로 생각했다.

'분명히 며칠 못 갈 거야.'

그런데 진짜 끊는 것이었다. 놀라웠다. 금단 현상도 없었다. 한 번에 깨끗하게 끊어버린 것이다. 하나님의 은혜라는 확신이 들었다.

어느 날, 목사님이 남편에게 전화를 걸었다.

"이번에 평신도 세미나가 있습니다. 두 분 다녀오세요."

가고 싶지 않았다. 평신도 세미나는 가정교회를 배우러 가는 것인데 우리는 가정교회에 대해 뭘 배워야 하는지도 몰랐고 깊이 알고 싶지도 않았다. 더욱이 처음 보는 사람 집에서 잠을 자야 한다는데 그것이 너무 싫었다. 하지만 목사님이 우리에게 직접 전화하여 갔다 오라고 하시니 거절할 수가 없었다. 이번에도 마지못해 순종했다.

낯선 집에서 낯선 사람과 함께 자야 하는 것은 정말 괴로운 일이었다. 특별한 일이 없다면 세미나 기간 동안 부부는 한 집에서 같이 묵게 마련인데 우리는 어찌 된 사정인지 서로 떨어져 다른 집에서 자야했다. 그 대신 생면부지의 낯선 분과 방을 같이 썼다. 2박 3일이 너무 길었다.

세미나 기간 동안 간증도 들었고 아름다운 섬김도 보았고 맛깔스럽게 차려주신 음식도 잘 먹었다. 그러나 마음속에는 오직 한 가지 생각밖에 없었다.

'빨리 끝났으면 좋겠다. 벗어나고 싶다.'
그렇게 억지로 참으며 평신도 세미나를 다녀왔다.

하면 되겠지

세미나에 다녀온 지, 얼마 지나지 않아 목녀님이 우리를 불렀다.
"두 분께 할 말이 있어요. 따로 시간 좀 내주세요."
무슨 일인지 궁금했다.
"목사님이 새벽에 기도하시다가 두 분이 목자 목녀로 헌신하면 좋겠다는 생각이 드셨대요."
그 즈음 우리 형편은 썩 좋지 않았다. 남편은 직장을 그만둔 뒤로, 딱히 다른 일자리를 찾지 못하고 있었다. 형편이 좋을 때 사역하라고 한 게 아니라, 하필 어려울 때 사역하라고 하니 잠시 당황스러웠다.
그런데 참 이상했다. 지금까지 목사님이 하라고 권유한 일은 대부분 선뜻 마음이 내키지 않았다. 그래서 마지못해 순종했는데 이번에는 무슨 까닭인지 한번 해보자는 마음이 들었다. 두려움도 생기지 않았고 거부감도 일어나지 않았다.
'해보자. 하면 되겠지. 밥이야 해주면 되는 것이고 밥 먹고 나면 이야기 나누면 되겠지.'
어디서 그런 용기가 나왔는지, 어디서 그런 배짱이 생겼는지 지금 생각해도 참 희한하다. 하나님이 그 순간에 특별한 마음을 주셨던 게 틀림없다.

우리 두 사람은, 목자 목녀라면 반드시 해야 한다는 새벽기도도 안하고 있었다. 그동안 목자님과 목녀님의 수고와 헌신을 당연한 것으로 생각하며 눈여겨본 적도 없었다. 다른 사람을 섬기고 사랑하고 기도해 준다는 것이 어떤 것인지 생각해 본 적도 없었다. 그런 우리가 앞뒤 가리지 않고 헌신하겠다고 순종한 것이다.

하나님은 부족한 우리 모습 그대로 사용하기 원하셨던 것 같다. 우리가 성숙할 때까지 하나님이 기다리셨다가 사역자로 세우기로 작정하셨다면 우리는 아직도 목자 목녀로 세워지지 않았을지 모른다.

연단의 시간

우리 목장의 목장식구들은 필리핀에서 시집온 이주민 여성들이었다. 목장식구들을 섬기기 시작하니 그제야 이전 목장의 목자님 목녀님 심정이 어떠했을지 헤아려졌다. 목장식구 한 명을 위하여 방화동에서 중계동까지 차량 운전을 해주던 것이 쉬운 일이 아니었다는 것도 알게 되었다.

"몰랐지? 그 때 목자님 가정 형편이 굉장히 어려웠어. 아이들을 어린이집에 보내지 못할 정도였으니. 그런 내색 전혀 안했으니 그 마음이 어떠했겠어?"

우연히 다른 목장의 목녀님으로부터, 우리를 섬겨준 목자님 목녀님의 형편을 듣게 되었다. 목장식구들에게 부담을 주지 않기 위해 목자님 목녀님이 그동안 얼마나 섬세한 배려를 하였는지 뒤늦게 알게 된 것이다. 큰 감동을 받지 않을 수 없었다. 그리고 우리가 목자님 목녀님 속을 얼마나 썩였는지 진심으로 미안한 마음이 들었다. 그 모든 것이 우리가 직접 사역을 하고 나서야 보이기 시작했고 들리기 시작했고 깨달아졌던 것이다.

그런데 다문화 가정을 섬긴다는 것은 정말 어려운 일이었다. 문화도 다른데다 언어 소통이 잘 안되니 어느 순간 목장식구들이 하나 둘 떠나기 시작했다. 이윽고 다 떠나고 우리만 남았다. 목장식구 없이 목장모임을 할 수밖에 없었다. 목장모임은 재미가 없어졌고 크게 열심을 낼 일도 없었다.

그 즈음 남편은 집 근처에서 작은 슈퍼마켓을 운영했다. 밤 열두 시가 넘어 퇴근을 했고 나는 하루 종일 두 아이를 돌보느라 지쳐 있었다. 새벽기도의 중요성을 알면서도 착실하게 기도를 쌓아가지 못했다. 지치고 힘이 드니 목장식구가 없는데도 열심을 내지 않았다. 시간만 흘러갔다.

지금 생각해보니, 그 때의 우리는 말로만 목자 목녀였지 영적으로 세워지지도 않았고 새로운 목장식구를 받을 준비가 전혀 되어 있지 않았다. 천하보다 귀한 영혼을 주님이 섣불리 우리에게 붙여주지 않은 것은 그만한 이유가 있었던 것이다. 준비 되지 않은 목장에 새 영혼을 보내면 분명 그 영혼이 정착하지 못하고 떠날 텐데, 우리는 그것을 깨닫지 못했던 것이다.

주님은 우리가 영적으로 건강하게 세워질 때까지 기다리셨다. 아무것도 모르는 우리에게 목자 목녀 사역을 맡겨주신 이유도 세상의 가치를 좇아가는 삶에서 순결한 그리스도인의 삶을 살게 하려고 준비시키셨던 것이다. 그래서 목장식구 없는 목장모임을 하게 하시며 우리를 연단해 가신 것이다.

1년 가까이 우리 가족끼리 목장모임을 했다. 그리고 그 기간에 참 많은 생각을 했다. 다른 목장에 새로운 방문자가 있거나 새 가족들이 세례 받는 모습을 보면 많이 부러웠다. 그럴 때마다 부족한 내 자신을 돌아보게 되었고 사역을 내려놓아야 하나 고민하기도 했다. 하지만 사역을 내려놓으면 예전의 모습으로 돌아갈 것 같았다. 힘들 때면 남편에게 사역을 내려놓는 건 어떠냐고 넌지시 물어보기도 했다. 그럴 때마다 남편도 흔들리지 않고 대답했다.

"어차피 언젠가는 이 사역을 해야 해. 목자 목녀이기 때문에 하나님께서 부어주시는 특별한 복이 있으니 그냥 하나님의 인도하심을 믿고 포기하지 말자."

우리의 부족함을 인정하고 하나님의 자비하심을 신뢰하며 묵묵히 기다렸다. 그 기간에 초원모임을 같이 하는 목자님, 목녀님들이 늘 힘이 되어 주었다. 교회 식구들도 항상 밝은 얼굴로 우리에게 격려를 아끼지 않았다. 교회 식구들에게 항상 감사했다.

목장식구를 보내 주시다

그렇게 1년을 지내는 동안, 우리는 조금씩 성장해 갔다. 그토록 힘들어 하던 새벽기도에 나갈 힘도 주셨다.

"우리 목장에도 목장식구를 보내어주세요."

새벽마다 진심으로 기도했다. 하나님이 그 마음을 아시고 결혼을 앞둔 예비신랑 예비신부를 목장식구로 보내어주셨다.

목장식구가 생기고 제대로 된 목장모임을 하게 되니 날마다 감사가 넘쳐났다. 그런데 어느 때부턴가 내 마음에 작은 불평이 생기기 시작했다. 목장식구가 없을 때는 한 명의 목장식구라도 와준다면 모든 문제가 해결되고 마음의 짐이 다 사라질 줄 알았다. 그런데 막상 목장식구가 생기니 마음 한 구석에 시어머니와 함께 사는 불편함이 자꾸 느껴졌다. 그렇게 불편한 마음으로 목장모임을 하고 있으니 내 중심을 아신 하나님은 더 이상의 목장식구를 보내주지 않으셨다.

또 1년이 흘렀다. 그리고 마침내 결단했다.

'그래. 내가 먼저 포기하자. 이왕에 함께 살아야 한다면 시어머니에게

내가 먼저 편한 마음으로 다가가자.'

그런데 참 신기했다. 그렇게 욕심을 내려놓는 순간, 하나님께서 다시 일하시기 시작했다. 시어머니와 살림을 따로 살게 해 주신 것이다.

그런데 시어머니와 따로 살게 되었으니 기분이 좋아야 하는데 그렇지 못했다. 하필 이사를 앞두고 시어머니의 건강이 많이 나빠졌다. 오히려 따로 살게 된 것이 더 부담되기 시작했다. 하나님께서 계속 시련을 주시는 이유가 무엇인지 알 수 없었다.

시어머니는 입원과 퇴원을 반복하였다. 아침에 아이들을 챙겨 어린이집에 보내고 나면 시어머니를 돌보아 드려야했다. 입원해 계실 때는 병원으로, 퇴원해 계실 때는 시어머니 집으로 달려가서 섬겼다. 남편은 외동아들이라 며느리가 나 혼자이니 시어머니 섬기는 일은 오로지 내 몫이었다. 어머니와의 관계가 힘든 상황에서 그 마음을 누르며 섬겨야 하니 여간 힘들지 않았다. 아이들은 다섯 살, 세 살로 한창 손이 많이 가는 나이이고 목장식구들을 위해 주중 사역도 해야 하니 모든 일이 벅찼다.

하지만 목장모임에서는 이런 내 마음을 전혀 드러내지 않았다. 힘든 내색을 비쳤다가 그나마 붙여주신 두 명의 목장식구마저 잃을 것 같았기 때문이다. 몇 개월이 지났다. 나도 서서히 지쳐 갔다.

참 많이 힘들고 답답한 시간이었다. 그런데 한편으로 감사했다. 그 상황에서 내가 만약 예수 그리스도를 몰랐다면 세상 사람들처럼 술 마시고 한탄하였을 것이다. 그런데 그렇게 하지 않고 하나님을 더 의지했다. 그만큼 나의 내면이 자라나 있었다. 비록 아이들이 많이 어리지만, 아이들 앞에서 힘들다고 무너지는 모습을 보여주고 싶지 않았다. 어려운 가운데서도 인내하며 섬기는 모습을 보여주고 싶었다. 어느새 그리스도인의 삶이 어떠해야 하는지 분별할 만큼 되었고 또 그렇게 나의 중심을 지켰던 것이다.

그런 노력과 인내를 하나님이 아시고 드디어 영혼을 보내어주셨다. 여섯 달 만에 목장식구가 네 명으로 늘어났다.

함께 기대하며

우리 목장이 세워진 지 벌써 5년이라는 시간이 흘렀다. 힘든 일도 많았지만 하나님께서 항상 지켜주셨고 어려움이 있어도 피할 길과 감당할 만한 힘을 주셨다. 아무 것도 몰랐던 우리 부부가 힘든 상황 속에서 사역을 내려놓지 않고 기다렸더니 많은 은혜를 허락해 주셨다.

내게 사역이 없었다면 신앙의 성장도 없었을 것이다. 그리고 아이들에게도 이렇게 큰 축복 가운데 성장할 수 있는 환경을 마련해 주지 못했을 것이다.

두 아이는 하나님의 은혜 가운데 사랑스럽게 잘 자라고 있다. 교회에서 얼마나 큰 사랑을 받고 있는지 생각할수록 참 감사하다. 두 아이를 보는 사람들은 보자마자 누구나 다 미소 짓는다. 주일이면 엄마인 내가 안아볼 겨를이 없다. 언뜻 돌아보면 어떤 성도님의 품에 안겨 있고 또 돌아보면 다른 성도님의 등에 업혀 있다. 하나님의 은혜가 아닐 수 없다. 목자 목녀이기 때문에 받을 수 있는 축복 중의 하나가 자녀의 복이라고 했는데 두 아이를 볼 때마다 그 말이 틀리지 않다는 생각을 하게 된다.

"그런즉 너희는 먼저 그의 나라와 그의 의를 구하라. 그리하면 이 모든 것을 너희에게 더하시리라." (마태복음 6:33)

하나님은 그 약속대로 나에게 땅의 복과 하늘의 복으로 부족함 없이 채워주고 계신다.

지난 세월을 돌아본다. 스물여섯 살에 목녀가 되었다. 영적인 부분에 대해서는 아무 것도 모르던 철부지였다. 시어머니와 목사님의 권유를 거절할 수 없어서, 모든 것에 마지못해 순종했다. 주일예배도 목장모임도 평신도세미나도……. 그런데 마지못해 한, 바로 그 순종도 하나님은 기쁘게 받으셨다. 그리고 우리 부부를 연단시켜 주셨다. 목장식구를 보내주지 않음으로써 무엇을 바라고 무엇을 기도해야 하는지 가르쳐 주셨다. 그러는 사이 우리의 연약함은 사라지고 하나님의 능력을 경험하는 사역자로 변화되었다. 사역자에게 주시는 축복이 무엇인지 알게 된 지금, 천사보다 더 아름다운 목장식구들을 섬기며 행복하게 목장모임을 하고 있다.

우리 목장은 어느 누가 방문해도 편안함을 느끼도록 섬기려 한다. 새 영혼이 마음을 열고 주님을 영접할 때까지 마음을 다해 경청해주고 기다려줄 것이다. 우리를 세워준 목자님 목녀님이 우리가 변화될 때까지 기다리고 또 기다려준 것처럼……

앞으로 우리 목장에 어떤 기적이 일어날지, 어떤 축복이 쏟아질지 기대하는 마음이 크다.

핑계대고 고집 부린 시간이
부끄럽습니다

우울증

준서 아빠는 남편의 오랜 친구였다. 방화동에 살고 있었다. 준서 엄마와 종종 만나 수다를 떨었다. 둘 다 알고 지내는 사람이 많지 않아 서로에게 의지가 되었다. 그런데 어느 날부터인가 준서 엄마의 전화 거는 횟수가 줄고 왠지 좀 바쁜 듯 보였다.

"요즘 뭐해?"

"교회 모임에 나가게 되었어요."

이야기를 들어보니 구역예배를 두고 교회 모임이라 하는 것 같았다. 그런데 좀 달라진 느낌을 받았다. 만나면 늘 무기력한 모습으로 이야기를 나누었는데 어딘지 모르게 활기차고 생기 있어 보였다.

"언니도 방화동으로 이사 와서 저랑 같이 모임에 나가요."

내가 관심을 보이자 준서 엄마는 계속 권면했다. 그리고 틈만 나면 모임 이야기를 했다. 이전부터 만난 사이였기에 그이에 대해 잘 안다고 생각했다. 내가 알고 있는 준서 엄마는 교회에 나갈 사람이 아니었다. 그런데 무슨 변화가 있어서 교회 모임에 나간다는 것인지 마냥 신기했다.

"방화동으로 이사갈까요? 친정 엄마도 가까이 살고 준서네도 거기 살잖아요?"

아이 둘 키우느라, 외출도 제대로 못하고 우울해 하는 나였기에 남편은 내 제안을 받아들였다.

"회사 출퇴근이 조금 어려워지지만, 내가 감수할게. 어떤 집이 나와 있나 주말에 둘러보자."

다음 날, 맨 처음 들른 부동산, 그리고 중개사가 맨 처음 보여준 집으로 우리는 그 자리에서 계약을 해버렸다. 순식간에 모든 일들이 결정되었다.

드디어 이사를 했다. 이사하고 나서 그 집을 다시 둘러보니 처음 봤을 때와는 전혀 딴판이었다.

"맙소사. 여기 좀 봐요. 문에 손잡이도 없어. 우리가 봤던 집 맞아요?"

수리해야 할 곳이 한두 군데가 아니었다. 집은 왜 그리 좁은지……. 마치 뭔가에 홀리기라도 한 것 같았다.

집이 마음에 안 들어 속상했지만, 궁금했던 교회 모임에 나갈 수 있는 것은 좋았다. 그 주 금요일, 아이들을 데리고 무작정 모임에 참석했다.

"어서 오세요. 환영합니다."

"지율이, 지형이군요. 귀엽기도 하지."

처음 보는 사람인데도 우리를 너무도 반갑게 맞아주었다. 따뜻한 가족 같은 분위기가 느껴졌다. 함께 저녁을 먹고 나니 남자들이 씽크대 앞으로 다가섰다.

"설거지는 남자들이 해요. 원칙이랍니다."

이윽고 차를 마시면서 한 주간 지낸 이야기를 수다 떨듯이 풀어놓았다. 첫 방문인 것을 까맣게 잊어버린 채, 나는 꽤나 긴 이야기를 늘어놓았다. 그런데 수다를 떠니 텅 비었던 내 마음이 점점 따뜻함으로 채워지는 것 같았다.

우리 아이들을 포함해 여섯 명의 아이들이 있었는데 전혀 어른들의 손을 필요로 하지 않았다. 처음 만났는데도 저희들끼리 잘 놀았다. 서로를 부르는 호칭도 이모, 큰엄마, 큰아빠, 삼촌이었으니 어딜 봐도 가족의 모습이었다.

'뭘까? 이 행복한 느낌은?'

편안한 안식처 같은 느낌이 들었다. 굳게 닫혔던 마음의 문이 활짝 열리는 것 같았다.

영에 속한 사람

집에 돌아오자마자 신이 나서 남편에게 떠들어대었다. 얼마나 좋았는지 이야기를 하면서도 가슴이 두근두근 하였다.

"다음 모임에 당신도 함께 가요."

남편은 매일 야근을 했기에 퇴근 시간이 늦었다. 하지만 다음 주 금요일, 약속을 지켜주었다. 유머 감각이 있어서 분위기를 잘 이끌어가는 남편 덕분에 그날은 더욱 행복한 모임이 되었다.

'내가 우울하고 외로웠던 이유를 알겠어. 영적인 목마름이 있었던 거야.'

내가 육에 속한 사람이 아니라 영에 속한 사람이라는 사실을 그날 깨닫게 되었다. 모태신앙인이었고, 친정 엄마가 그토록 하나님께 돌아와야 한다고 말했건만, 하나님과 상관없이 살다가 그날에야 비로소 내 정체성을 찾은 것이다. 그리고 나를 목장모임으로 인도하신 분은 하나님이라는 확신이 들었다.

목장식구들 모두 넉넉한 환경은 아니었다. 하지만 그런 삶 속에서도 일 주일 동안 하나님께서 주신 은혜를 고백하고 소망을 이야기했다. 마음에 품고 있는 기도의 제목들도 나누며 뜨겁게 기도했다.

'세상 어디에 이런 귀한 모임이 있을까?'

금요일뿐 아니라 주중에도 목장식구들과 계속 만났다. 친형제 이상으로 마음을 나누었다. 좋은 것이 있으면 제일 먼저 생각나는 사람들이 목장의 가족들이었다. 어느새 세상에 혼자 있는 것 같은 외로움이나 조급함이 사라져가고 있었다.

제자삼는교회에 주일예배를 드리러 갔다. 처음 교회를 나갔건만 우리를 모르는 사람이 없었다. 우리는 초면인데 다른 분들은 마치 우리를 잘 알고 있는 것처럼 인사를 했다.

"목장모임 오셨잖아요? 이야기 들었습니다."

"이야기로만 듣다가 이렇게 직접 뵈니, 더 반가워요."

부담감은 벌써 사라지고 없었다. 오후 시간까지 교회 가족들과 교제를 나누었다. 집으로 돌아와서도 계속 교회 이야기만 했다. 주일에 온 가족이 예배를 드리는 것 자체가 기적이었다.

결혼 전에 교회에 함께 다니겠다는 약속을 받았지만 이런저런 사정으로 남편은 그 약속을 지키지 못했다. 나는 나대로 출산과 육아로 지치면서 외출을 못했고 우울증을 앓았다. 남편은 그런 내가 안쓰러워 목장모임에 따라 나섰고 교회에도 따라나선 것이다.

교회 홈페이지를 보며

목사님이 자주 교회 홈페이지 이야기를 하였다. 궁금하여 들어가 보았다. 그리고 우리 목장에 들어가 목장 보고서를 읽게 되었다. 나도 모르게 눈물이 주르르 흘렀다. 목장 보고서에는 그 동안의 기도제목이 적혀 있었다. 거기에는 우리 가정이 이사를 계획하고 있던 것과 방화동으로 이사 올 수 있도록 기도한 내용이 적혀 있었다. 날짜를 확인해 보았다.

'세상에……. 이 기도 제목을 마음에 품고 목장식구와 교회 식구들이 이 긴 시간 동안 기도해 주셨다니…….'

새벽마다 우리를 위해 기도해주었을 목장 식구들과 교회 식구들이 새삼스럽게 고마웠다. 그래서 나도 새벽기도를 결단하였다. 내 문제나 우리 가정의 문제가 아닌, 다른 누군가를 위한 중보 기도가 간절히 하고 싶었고 해야 할 것만 같았다. 잘하지 못하는 기도였지만 목자님과 목녀님을 위해 진심으로 기도했다. 그렇게 일 주일 남짓 새벽에 걸어 다녔다.

"여자 혼자 새벽길을 걸어가면 위험해. 나도 같이 갈게."

안쓰러워 보였는지 남편도 함께 가겠다고 하였다.

얼마 뒤, 전교인 수련회가 있었다. 그동안 우리 가족끼리 나들이를 많이 다니지 못하였기에, 들뜬 마음으로 참석했다. 전도하고 싶었던 시누이도 모처럼 시간을 내어 참석했다. 즐거운 시간을 보내고 있었다.

그런데 둘째 날 사고가 생겼다. 문 옆에 서 있던 작은애가 대형 유리문에 발이 끼였다. 피가 흐르는 발을 수건으로 동여매고 목자님과 함께 근처 병원을 급히 찾아갔다.

"상처가 깊네요. 빨리 서울로 가서 봉합 수술을 받아야 합니다."

휴가철이었고 피서차량으로 도로는 꽉 막혀 있었다. 목자님은 어떻게든 빨리 가려고 갓길주행과 곡예주행을 하며 안간힘을 쓰고 있었다. 남편과 나는 아이를 안고 간절히 기도했다.

"하나님, 도와주세요."

다행히 봉합 전문 병원에 도착해서 수술을 받았다. 힘줄과 인대가 끊어져 있었다.

"늦지 않게 달려온 것이 천만다행이네요."

하나님이 긍휼과 자비를 베풀어 주셔서 다행히 신경 손상은 없었다. 정말 그만하길 다행이었다.

"아빠. 그날 다칠 때 하나님께서 유리문을 들어 올려주셔서 다리가 많이 안 다치게 된 거지?"

작은 애는 지금도 그때의 상처를 보면서 말한다. 그 때마다 울컥해지지 않을 수 없다.

그 일이 있은 뒤 얼마 지나지 않아 시누이가 세례를 받았다. 사고를 옆에서 지켜보았고 교회 식구들이 기도하는 모습을 지켜보았던 시누이였다. 시누이가 세례 받던 날, 얼마나 큰 감격에 휩싸였는지 남편은 체면도 생각지 않고 참 많이 울었다.

시누이의 세례와 함께 하나님은 큰 선물을 주셨다. 회사 형편이 어려워 남편의 연봉협상이 동결된 상태였다. 그런데 놀랍게도 꼭 십일조를 드린 만큼 연봉을 올려 주셨다. 남편은 그때의 경험으로 몇 년이 지난 지금까지 십일조를 정확하게 구분하여 드린다. 단 한 번도 어긴 적이 없다.

왜 자꾸 부담을 주십니까?

작은 일상에서도 하나님이 우리 가정을 사랑하고 축복해주신다는 확신이 들었다.

"하나님, 너무 좋아요. 이 정도 신앙생활이면 부족할 게 없어요. 너무 만족스러워요."

하나님도 이만큼이면 만족하실 것이라 확신하였다. 그렇지만 그것은 내 생각이었다. 감사 고백을 할 때마다 하나님은 더 가야할 길이 있다고 말씀하시는 것 같았다.

목장에 온 지 4년이 지났다. 주위에서 우리 부부를 예비목자와 예비목녀로 세우고 싶어 하는 것이 느껴졌다. 많은 격려와 기도를 해주셨지만 쉽게 결심이 서지 않았다.

'하나님의 뜻인 것은 알겠지만 우리가 어떻게 할 수 있을까?'

순종하기가 쉽지 않았다. 솔직히 말하면, 4년 동안 줄곧 하나님께서 우리 부부를 사역자로 부르신다는 것을 알면서도 똑같이 대답하고 있었다.

"하나님, 지금 말고요. 제가 조금 더 준비되면 그 때 할게요."

그럴 때마다 주님은, 나의 모습 그대로 사랑하며 바로 그 부족한 모습을 사용하고 싶다는 마음을 주셨다. 하지만 끝내 버티면서 순종하지 않았다.

"저는 지금이 너무 좋은데 왜 자꾸 저에게 부담을 주십니까? 준비하고 있다고 분명히 말씀드렸는데 왜 기다려주지 않으세요?"

때때로 원망의 말도 쏟아내었다. 염려와 두려움이 너무 컸던 것이다. 다른 사람들을 내 가족처럼 섬기는 일, 그들을 진심으로 사랑하고 그들을 위해 눈물로 기도하는 일에 자신이 없었다. 그럼에도 하나님은 잠잠히 계시며 우리를 기다려 주셨다. 우리가 스스로 깨닫고 결단할 때까지……. 그리고 그런 때가 점점 다가오고 있었다.

의료사고로 디스크가 터진 이후로 남편은 허리가 좋지 않았다. 목장 분가 이야기가 나올 때쯤 다시 디스크가 터졌다. 수술할 형편이 안 되어 수술이 아닌 시술을 선택했다.

시술 받고 나서 남편은 계속 살얼음을 걷는 것처럼 생활했다. 그즈음, 나는 설교말씀 가운데 사역이나 순종에 대한 이야기가 나올 때마다 마음이 아주 불편했다. 말씀이 하루 종일 마음에 걸렸다. 그럼에도 계속 하나님께 더 큰 이해를 구했다.

"하나님, 언젠가는 헌신할게요. 하지만 지금은 아니에요. 시간을 더 주세요."

누구보다 우리가 사역자로 세워지기를 바라고 뜨겁게 기도해주신 분이 목자님 목녀님이었다. 두 분은 우리에게 한 번도 사역하라고 권면하지 않았다. 그저 묵묵히 기다리며 우리가 결단할 때까지 기다려주었다. 정말 오래오래 참아주고 기다려주었다.

그러기를 몇 달, 한여름 아주 더운 날이었다. 시술로 막았던 남편의 디스크가 다시 터졌다. 이번에는 신경까지 크게 다쳐서 어떤 진통제로도 참지 못하는 큰 고통을 겪어야했다. 큰 수술이었기에 회복도 더디었다.

그해 여름을 병원에서 지내며 나와 남편은 많은 이야기를 나눴다.

"하나님이 일부러 시련을 주신 건 아니야. 첫 수술 때 이미 퇴행성 진단을 받았잖아. 언제든 터질 수 있는 거였어."

남아 있는 모든 디스크도 안전한 상태가 아니었다. 어차피 한번은 일어날 수밖에 없는 상황이었다.

"맞아요. 그러고 보니, 감사하지 않아요? 더 나쁜 상황이 일어났을 수도 있는데 가장 최소한의 아픔을 주신 거예요. 더 큰 고통을 피해 갈 수 있게 우리를 지켜주신 거예요."

그렇게 병원에서 우리는 하나님의 마음을 알아가고 하나님을 더욱 의지하는 법을 배우게 되었다.

섬김을 배우며 전도를 배우며

그토록 미루고 미루었던 사역 헌신을 마침내 결단하였다. 평안할 때가 아닌, 남편이 병원에 입원해 있는 힘든 상황에서 내린 결단이었다.

그런데 목자 목녀로 헌신하겠다고 결단하는 바로 그 순간, 내 마음에 너무도 큰 평강이 찾아왔다. 마음이 그렇게 가벼울 수 없었다. 이상했다. 내가 가진 것으로 하나님의 일을 하려고 했을 때에는 얼마나 막막했는지 모른다. 두려움도 컸다. 그렇지만 나의 약함을 인정하면서 하나님을 의지하겠다고 고백했을 때 염려도 두려움도 없었다. 참다운 자유가 느껴졌다.

"내게 능력 주시는 자 안에서 내가 모든 것을 할 수 있느니라." (빌립보서 4:13)

여덟 달이 지났다. 남편의 재활 치료가 거의 끝나가고 있었다. 드디어 분가를 하였다. 그렇게 우리 부부는 목자와 목녀가 되었다.

부끄럽지만 나는 목녀가 되기까지 전도는 특별한 은사가 있는 사람들만 하는 줄 알았다. 전도를 어떻게 해야 하는지도 모르겠고 내가 믿는 예수님이 너무 좋지만, 복음을 전할 용기는 없었다. 그래서 기도부터 시작했다.

기도를 하니 자꾸 한 친구가 떠올랐다. 교회에 대해 안 좋은 기억을 가지고 있는 그 친구에게 목장 이야기나 교회 이야기를 하기는 어려웠다. 그 대신 금요일 저녁 일정한 시간에 빠짐없이 목장모임에 참석하는 우리 가족의 모습을 보여줬다. 그리고 그 모임이 우리 가정에 어떤 유익을 주는지, 어떤 사람들과 만나서 교제를 하는지, 우리 아이들이 그 시간을 얼마나 좋아하고 기다리는지, 삶으로 보여주려 했다.

그렇게 1년이 지났다. 그 친구가 어느 날 먼저 물었다.

"나도 목장모임에 한번 가볼까?"

사실은 그 친구보다 아이들이 목장모임에 가기를 더 기다리고 있었다. 엄마와 함께 목장모임에 오게 되자 아이들은 무척 행복해했다. 교회도 두 아들이 먼저 나왔고 엄마와 함께 교회에 오고 싶은 마음을 늘 고백했다. 그러자 성령님께서 그 친구의 마음을 만져주셨다. 어느 누구의 강요도 아닌, 스스로 결단하여 교회에 나왔다. 하나님께서 아이들을 전도의 통로로 사용하여 주신 것이다.

친구를 시작으로 우리 목장은 작년 한 해 동안 세 명이 세례를 받았다. 그리고 지금은 우리 부부를 비롯해 세 명의 목장식구 모두가 주일학교 교사 혹은 찬양 사역자로 교회를 섬기고 있다.

사역을 하면서 느낀 것은 내 삶이 정말 진실되어야 한다는 것이다. 속마음을 잘 열지 않는 세상 사람들에게 말로 들려주는 사랑은 감동이 덜하다. 하지만 우리 가정이 하나님 믿고 복 받는 모습을 진실하게 그대로 보여준다면 그것이 가장 확실한 전도이다. 그래서 친정 엄마가 그러셨던 것처럼 나는 자녀들을 위해, 우리 가정을 위해 늘 기도한다.

"야베스가 이스라엘 하나님께 아뢰어 가로되 원컨대 주께서 내게 복에 복을 더 하사 나의 지경을 넓히시고 주의 손으로 나를 도우사 나로 환난을 벗어나 근심이 없게 하옵소서 하였더니 하나님이 그 구하는 것을 허락하셨더라."(역대상 4:10)

야베스가 드렸던 기도처럼 우리 가정도 그렇게 주위에 선한 영향력을 끼치며 축복의 통로로 쓰임 받기를 바라고 있다.

하나님도 사랑하는데, 괜찮아?

얼마 전 여덟 살 된 작은애가 내게 말했다.

"엄마 사랑해."

그리고 덧붙였다.

"근데 나는 하나님도 엄마만큼 사랑하는데, 괜찮아?"

그 말을 하는 아들의 표정이 얼마나 진지하고 사랑스럽던지…….

두 아들은 가끔 나에게 편지도 쓴다. 그럴 때 꼭 빼놓지 않고 쓰는 문구가 있다.

"엄마, 제자삼는교회에 다니게 해주셔서 감사해요."

제자삼는교회를 만난 것은 우리 부부와 아이들에게 큰 축복이 아닐 수 없다.

'죽은 자도 살리시는 하나님께서 남편에게 기적을 주셔서 허리를 완전하게 고쳐주신다면 얼마나 좋을까?

가끔 그런 생각을 하기도 한다. 하지만 그것은 하나님께서 바라시는 바가 아닐 것이다. 오히려 어려움을 통해서 나는 기도하는 것을 배우게 되었다. 남편의 허리가 계속해서 문제를 일으키고 우리를 어려움에 빠뜨릴 때마다 어떤 순간에도 감사할 수 있는 마음을 달라고 기도하게 되었다.

되돌아보니, 사역을 맡지 않으려 핑계대고 고집 부렸던 시간이 부끄럽고 죄송할 따름이다. 우리 부부는 하나님을 크게 섬길 물질도 없고 건강한 몸도 없다. 그런데 그렇게 가진 것이 없다는 사실이 어쩌면 하나님께 더 쓰임 받을 수 있는 이유였다. 하나님 나라의 일은 내 것으로 하는 것이 아니라 하나님께서 주시는 것으로 하기 때문이다.

하나님께서 우리에게 요구하는 것은 그리 큰 것이 아니었다. 나의 전부를 달라 하신 적도 없고 견딜 수 없는 시련을 통해 나를 꺾으려 하신 적도 없었다. 순간순간 우리의 작은 믿음만을 요구하셨다. 겨자씨만한 작은 믿음을 준비하여, 크신 하나님께서 이루실 때까지 끊임없이 기도만 하면 되었다.

처음 방화동으로 이사 왔을 때를 생각해 본다. 뭔가에 홀린 듯이 계약해서 살게 된 지금의 우리 집. 그러나 지금 이 집은 금요일마다 성령님이 임재하시는 장소가 되었고 잃어버린 영혼들이 구원받는 축복의 통로가 되고 있다. 앞으로도 이곳에서 예수님이 명령하신 대로, 항상 기뻐하고 쉬지 않고 기도하며 범사에 감사하면서 살 것이다. 우리가 행복하길 누구보다 하나님께서 원하시니까…….

에필로그

'묻어가는 은혜'를 아시나요?

힘드시죠?

토요일, 감기 몸살로 힘들었다. 물먹은 종이처럼 하루 종일 이부자리에 누워 있었다. 몸은 무거운데 할 일은 많고, 어떻게 할 수 없어서 축 쳐져 있었다.

'내일 예배드리러 갈 수 있을까?'

정 힘들면 오후 예배는 포기하고 집으로 돌아오리라 생각했다.

주일 아침, 힘없이 일어나 교회로 갔다. 내가 믹스커피 안 좋아하는 것을 아는 은란 목녀님이 예쁜 커피잔을 따로 골라 블랙커피를 타주었다. 그리고 지나가던 사모님이 인사를 건네었다.

"추 목녀님, 힘들었죠? 애썼어요."

덕분에 힘이 조금 났다. 초등부 아이들 앞에서 찬양을 인도했다. 율동과 함께 목이 터져라 찬양을 부르는 아이들……. 그 눈망울이 너무 맑았다. 바라보면서 조금 더 힘이 났다.

'그래, 오후 예배는 드릴 수 있겠다.'

오후 예배를 드리기 전, 교회 북카페에서 잠시 쉬었다.

"힘드시죠? 너무 잘 하고 계세요."

화영 목자님이었다. 그 한마디에 갑자기 울먹울먹해졌다. 하나님이 내 몸과 마음을 다 읽고 계신다는 생각이 들었다.

오후 예배 때 성민 집사님이 간증을 했다. 제자삼는교회를 떠났다가 4년 만에 돌아와 간증을 하고 있었다. 내 눈에서 하염없이 눈물이 흘렀다. 사랑하는 자녀에게 가장 적절한 방법으로 찾아와 은혜를 주시는 하늘 아버지의 위로하심이 너무 크게 다가왔다. 마음을 다시 고쳐 먹었다.

'그래, 초원모임도 하고 가자.'

토요일 몸 상태 같았으면 쓰러졌어야 하는 내가 그렇게 멀쩡하게 모든 일정을 소화했다. 그리고 다시 깨달았다. 제자삼는교회 안에 들어오기만 하면 성령님이 어떻게든 책임져 주신다는 것을……. 치료가 필요하면 치료를, 위로가 필요하면 위로를, 힘이 필요하면 힘을 주신다는 것을……. 아무리 섬겨도 좀체로 마음을 열지 않는 VIP를 위해 다시 기도하고 다시 섬길 힘까지 새로이 부어주신다는 것을…….

그것이 제자삼는교회에 특별히 임재하고 있는 성령님의 능력이다. 확신을 가지고 말한다. 예배당만이 아니라 1층 북카페에도 성령님이 계신다. 3층 식당에도 성령님이 계신다. 심지어 오르락내리락하는 계단에도, 화장실에도 성령님이 계셔서 그저 교회 안에 있기만 하면, 어느 순간 아픈 몸이 낫고 아픈 마음이 낫는다.

그것이 바로 '묻어가는 은혜'라는 것을 알았다. 성령이 충만한 지체들로 교회가 튼튼히 세워져 있어서, 연약한 누군가는 특별히 뭘 하지 않고 가만히 있어도 함께 성령 충만해질 수 있는 은혜이다. 그 은혜가 제자삼는교회에는 분명히 있다.

눈물 가득한 주일 예배

충남 홍성의 시골마을에서 13년을 살다가 남편의 직장을 따라 김포로 이사했다. 김포에서 가까운 제자삼는교회에 다니게 된 것은, 아무리 생각해도 하나님이 내게 주신 특별한 은혜이다.

2011년 속초에서 열린 전국 목자컨퍼런스에 참석했을 때, 내가 속한 오겹줄 기도모임의 리더가 화영 목자였다. 시골 교회에서 목녀로 섬기던 나와 서울 방화동의 제자삼는교회에서 섬기던 화영 목자를 하나님이 그렇게 만나게 해 주셨다. 그이의 영적인 특별함이 내 마음에 오래도록 남아 있었다. 이사를 계획하며 화영 목자에게 연락을 했다. 그리고 전세 계약하러 김포에 오던 날, 제자삼는교회부터 들렀다. 보름 후, 우리 가족은 김포시민이 되었고 제자삼는교회의 식구가 되었다.

제자삼는교회에서 첫 주일예배를 드렸다. 눈물 바다였다. 목사님도 울고 성도들도 울었다. 나도 울었다. 그 다음주, 또 눈물 바다였다. 목사님은 목이 메어 자주 말을 잇지 못했다. 그렇게 4주 남짓 예배시간마다 눈물을 흘렸다.

이유가 있었다. 제자삼는교회의 한 목녀님이 암투병을 하다 소천한 지 얼마 되지 않은 때였다. 그동안 신실하게 섬기며 교회의 기둥 역할을 했던 목녀님이었기에 이별의 아픔이 컸던 것이다.

그런데 예배 시간에 교회 식구들이 운 것은 그 아픔 때문이 아니었다. 하나님의 위로 때문에 울고 있었다. 힘을 내라고, 빨리 슬픔에서 빠져나오라고, 하나님이 새로운 영혼들을 매주 보내주고 계셨다. 목장모임에서 전도된 새 영혼들도 있었고 시골에서 올라온 우리 가족도 그 빈자리를 채운 영혼이었다. 바로 그 은혜에 감격하여 목사님을 비롯하여 온 교회가 울고 있었던 것이다.

제자삼는교회에서 첫 예배를 드리던 날, 나는 뭐라 말할 수 없는 영적인 큰 힘을 느꼈다. 예배당이 물리적인 공간보다 훨씬 더 크게 느껴졌고 성도의 수도 훨씬 더 많게 느껴졌다. 하나님의 시각으로 볼 때 제자삼는교회가 아주 크거나 아니면 앞으로 그렇게 되어질 것이라는 느낌이 들었다. 알 수 없는 큰 힘, 그게 하나님의 영광이었다면 분명 그 영광이 예배의 자리에 있었다.

그리고 낯선 표현들이 귀에 들어왔다. 일반적으로 잘 쓰지 않는, 제자삼는교회의 목사님과 교회식구들만 유독 자주 쓰는 표현이었다. '열정적으로 사역하는' '의지적으로 결단하여' '주밀하게 인도하시는' '부요하게 누리는' …….

문법에 맞느냐 아니냐의 문제를 떠나, 그 표현 속에 숨어 있는 진심이 내게 아주 특별하게 다가왔다. 옆에서 계속 지켜보았지만, 그들의 삶과 동떨어지지 않는 표현이어서 더 인상적이었다.

간증집이 나오기까지

2014년은 제자삼는교회가 개척한 지 20주년이 되는 해이다. 세 가지 기념사업이 있었다. 먼저 남아공 림포포 지역에 교회당을 건축했고 목사님과 교회식구들이 남아공 비전트립을 다녀왔다. 그리고 이 간증집을 만들었다. 내게 간증집 사역이 주어졌을 때, 하나님이 시골에서 나를 부르신 이유가 이 간증집 때문이라는 확신이 들었다.

지난 해 1월에 시작하여 이제 책으로 엮이었으니 이래저래 1년 넘는 작업이 되었다. 모두 열여덟 명의 간증자를 가려 뽑았지만 사실은 더 많은 교회식구들이 이 만큼의 풍성한 이야기를 갖고 있다. 지면을 생각해 추렸다고 보는 게 맞다. 과장이 아니다. 제자삼는교회 홈페이지에 들어

가면 금방 알 수 있다. 제자삼는교회 홈페이지는 교회 식구들이 하나님을 일상에서 체험한 간증으로 늘 떠들썩하다. 행복한 이야기들이 깨알 같은 글자로 가득 떠 다닌다.

열여덟 명의 원고는 그들의 간증을 바탕으로 읽기 편하게 엮었다. 다른 교회에서 간증한 목자 목녀들이 많아, 그들이 가지고 있던 원고를 먼저 참조했다. 그리고 필요한 부분을 인터뷰를 하여 더 자세히 물어보았다. 시간의 흐름을 따라 일반적인 간증문 형식으로 원고를 먼저 쓴 다음, 박진감 있게 읽히도록 소설의 플롯 형식을 빌어 와 재구성했다.

원고를 쓰고 고치면서 읽고 또 읽은 내용이지만, 그때마다 감동이 새로웠다. 이렇게 귀한 간증이 작은 교회에 이토록 풍성하게 있다는 사실이 놀라웠다. 새삼스럽게 제자삼는교회가 특별하다는 느낌을 받았다.

판형과 지면의 한계가 있어서 아름답고 은혜로운 이야기들이 누락된 것이 조금 서운하다. 누락시킬 부분을 결정하고 컴퓨터 키보드의 삭제 키를 누르는 것이 괴로울 정도였다. 하지만 책에 실리지 않은 이야기들도 언젠가는 다른 형식으로 세상에 전해질 것이라는 확신이 든다.

간증집 발간을 허락해주신 요단출판사에 진심으로 감사드린다. 특히 전문가의 관점에서 읽기 쉬운 간증집이 되도록 애써 주신 이영림 편집팀장님께 진심을 다해 감사드린다. 우리 두 사람의 바쁜 일정 때문에 늦은 밤에 통화하는 일이 자주 있었다. 하지만 어느 시간이든, 늘 친근한 목소리로 대답해 주셨고 개인적인 이야기도 다정하게 나누었다. 나로서는 아름다운 마음으로 책을 만드는 귀한 사역자를 만난 것이 무척 큰 행운이다. 그리고 제목을 제안해 주신 것도 감사하다. 마침 제자삼는교회 목사님과 사모님, 목자들, 목녀들이 만장일치로 동의해 주었다. 이왕에 정해질 제목인데, 만장일치로 정해지는 과정을 보면서 즐거웠다.

편집 디자인을 맡아준 조완철 선생님에게 감사를 드린다. 원고를 누구보다 꼼꼼히 읽은 다음 제자삼는교회의 분위기를 아름다운 디자인으로 표현하려고 무척 애를 썼다. 그 마음을 하나님도 아시고 삶의 모든 부분에서 축복해 주시리라 믿는다.

일러스트를 그려 준 제자삼는교회의 이옥미 목녀에게도 감사드린다. 누구보다 제자삼는교회의 목장모임을 잘 알고 있고 또한 하나님의 은혜를 경험하고 있는 목녀이기에 하나님이 특별한 기회를 주셨다고 생각한다. 붓 터치 하나하나에 사랑과 믿음을 담아 그려준 그 정성을 하나님도 아름답게 기억하실 것이다.

어쩌면 책은 사람보다 훨씬 더 다정한 모습으로 개개인에게 다가갈 수 있을 것이다. 어떤 한 영혼의 사소한 공간으로 찾아가 가장 편안한 시간에 가장 편안한 목소리로 그 영혼에게 속삭여댈 것이기 때문이다. 이 책도 그런 목소리로, 그런 다정함으로, 그런 감동으로 한 영혼 한 영혼을 만나게 되기를 바란다.

이 간증집의 발간을 애초에 생각하셨고 세상에 나올 수 있도록 기획해주신 하나님께 감사를 드린다. 제자삼는교회 식구들의 삶에 찾아가셔서 이 이야기를 만드신 분도 하나님이시고 책으로 엮으신 분도 하나님이시다.

새벽마다 한 마음으로 기도해준 제자삼는교회 식구들의 뜨거운 기도가 귀에 들리는 듯하다. 이 책을 펼치는 사람마다 귀가 열려 그 기도소리를 들을 수 있기를 바란다.

21C 교회성장과 축복의 통로

교회진흥원은 기독교한국침례회 총회의 교육, 문서선교 기관으로서 교회의 교육, 목회, 선교활동에 관한 실제적인 연구와 프로그램 개발, 기독교 정보를 제공하고, 자료 출판 및 보급사역을 하고 있습니다.

- 각 연령별 교회학교 공과, 구역공과, 제자훈련 교재, 음악도서를 기획, 출판하고 이와 관련된 각종 강습회를 실시합니다.
- 요단출판사를 운영하며 매년 70여 종의 각종 신앙도서와 제자 훈련 교재를 기획, 출판합니다.
- 서울과 대전에 직영서점을 운영하고 있습니다.

요단출판사의 사역정신

그리스도인들의 올바른 신앙성장과 영성 개발에 필요한 신앙도서를 엄선하여 출판, 보급함으로써 이 땅에 하나님나라 확장을 위해 헌신하고 있습니다.

- **F**or God For Church
  하나님과 교회의 유익을 위하여 도서를 기획 출판합니다.
- **O**nly Prayer
  오직 기도뿐이라는 자세로 사역합니다.
- **W**ay To Church Growth & Blessings
  교회성장과 축복의 통로가 되기 위해 사명을 감당합니다.
- **G**ood Stewardship & Professionalism
  선한 청지기와 프로정신으로 사역합니다.
- **C**reating Christianity Culture & Developing Contents
  각종 문화 컨텐츠를 개발함으로 기독교 문화 창달에 기여합니다.

직·영·서·점

요단기독교서적 서울특별시 서초구 잠원동 69-14 반포쇼핑타운 6동 2층
교회용품센타 TEL 02)593·8715~8 FAX 02)536·6266 / 537·8616(용품)

대전침례회서관 대전광역시 동구 중동 21-27
            TEL 042)255·5322, 256·2109 FAX 042)254·0356

요단인터넷서점 www.jordanbook.com